Friso Melzer

WEGE DES DENKENS

Anleitung zum Philosophieren

AUSSAAT VERLAG WUPPERTAL

ABCteam

Bücher, die dieses Zeichen tragen, wollen die Botschaft von Jesus Christus in unserer Zeit glaubhaft bezeugen.

Das ABCteam-Programm umfaßt:

– ABCteam-Taschenbücher
– ABCteam-Paperbacks mit den Sonderreihen Glauben und Denken (G + D) und Werkbücher (W)
– ABCteam-Jugendbücher (J)
– ABCteam-Geschenkbände

ABCteam-Bücher erscheinen in folgenden Verlagen:

Aussaat Verlag Wuppertal / R. Brockhaus Verlag Wuppertal
Brunnen Verlag Gießen / Bundes Verlag Witten
Christliches Verlagshaus Stuttgart /
Oncken Verlag Wuppertal
Schriftenmissions-Verlag Gladbeck

ABCteam-Bücher kann jede Buchhandlung besorgen.

Auflage 6 5 4 3 2 1 / 82 81 80 79 78 77
(Die letzten Zahlen bezeichnen die Auflage und das Jahr des Druckes)
Umschlag: Harald Wever, Wuppertal
Satz und Druck: Aussaat Verlag GmbH, Wuppertal
ISBN 3 7615 0260 5

INHALT

VORWORT

In dieser Schrift geht es nicht um das Denken auf den Wegen der einzelnen Wissenschaften, also nicht um ein auf Gegenstände bezogenes Denken. Wir haben es hier vielmehr mit Fragen zu tun, die jeden nachdenklichen Menschen angehen. Es sind Fragen der Weltanschauung, der persönlichen Lebensentscheidung. Wir könnten auch sagen: Fragen der Philosophie. Um die Fragen dieser Schrift zu verstehen, dazu bedarf es keiner besonderen Vorbildung, denn sie brechen in jedem Menschen einmal auf. Sie sind in vier Gruppen geordnet, damit eine leichtere Übersicht möglich ist. Natürlich überschneiden sich die vier Teile, aber das Schwergewicht liegt doch bei dem Leitwort der Überschrift.

Der Verfasser hat im Laufe von fast 20 Jahren im Religions- wie im Deutschunterricht an der Oberstufe des Gymnasiums immer wieder gefunden: Solche Fragen bewegen junge Menschen, deshalb wurden sie im Unterricht eingehend durchgesprochen. Aber er meint: Was der junge Mensch mit Schrecken oder Staunen zum ersten Male fragt, das bewegt auch den alten Menschen, wenn er das Ganze seines Lebens nachdenkend überblickt, so daß die Schrift sich an alle Lebensalter wenden darf.

Der Leser wird besonderen Gewinn aus der Schrift ziehen, wenn er ihre einzelnen Kapitel mit einem guten Freund durchspricht, also die jeweiligen Ausführungen als Anleitung zu einem eindringlichen Gespräch versteht. Gruppenleiter können sie auch zur Grundlage eines Aussprachekreises machen. Lebensfragen erschließen sich fruchtbarer im Gespräch.

Die Schrift will nur erste Denkanstöße geben. Sie bietet Einzelfragen. Der Anhang will dann aber noch in einem kurzen Umriß aufzeigen, welch eine weite Landschaft die Philo-

sophie darstellt, und wie man sich darin zurechtfinden kann. Wer weiterfragen und -denken will, für den bietet das Literaturverzeichnis die nötige Hilfe.
Zum Schluß sei noch bezeugt: der Verfasser möchte in dieser Schrift etwas davon widerspiegeln, was im Kolosserbrief (2, 3) geschrieben steht: „In Jesus Christus liegen verborgen alle Schätze der Weisheit und der Erkenntnis."

Herbst 1977

Friso Melzer

Erster Teil
ETHISCHE FRAGEN

1. FREIHEIT

Das Wort *Freiheit* gehört zu jenen Abstrakta, die mehrere Bedeutungen haben. Werden sie nicht immer neu definiert, so machen sie wegen ihrer Mehrdeutigkeit jegliches sinnvolle Gespräch unmöglich. Nur genaue Definition erhebt solch ein Wort zur Klarheit des Begriffs. Damit soll aber nicht gesagt werden, es gebe nur *einen* Begriff der Freiheit. Wir müssen vielmehr damit rechnen, daß es verschiedene Begriffe der Freiheit gibt.
Freiheit wird am besten von ihrem Gegenbegriff her definiert. Also untersuche man zugleich auch den Gegenbegriff zu Freiheit.

Die sprachgeschichtliche Herkunft des Wortes Freiheit

Für den Sprachdenker ist noch immer die Sprachgeschichte wichtig. Die idg. Wurzel *pri-* meint „lieb". Dieses Wort lebt noch heute in indischen Sprachen in dieser Bedeutung fort. Von dieser Wurzel kommt sowohl Freiheit wie auch Friede. Das sollte nachdenklich stimmen. Man bedenke, wieso diese drei Wörter (und damit das, was sie meinen) zusammengehören, d. h. was Liebe, Freiheit und Friede miteinander gemeinsam haben. Ist Liebe ohne Freiheit wirklich Liebe? Ist Freiheit ohne Frieden (innerlichen Frieden des Herzens) für alle Beteiligten wirklich Freiheit? usw. usw.
Vielleicht bleiben alle drei Worte Namen für Ideale, die sich in dieser Welt niemals ganz verwirklichen lassen?

Freiheit wovon?

Das Wort *Freiheit* wird gern in Zeiten des Umsturzes gebraucht. Man ist sich rasch einig, wovon man frei werden will. So waren die Alliierten sich im letzten Weltkrieg einig, daß sie das Hitler-Reich niederringen wollten. Damit ist aber nur die eine Seite geklärt. Die andere Seite fragt nach dem Wozu der Freiheit. Im Blick auf den letzten Weltkrieg: die Alliierten waren sich nicht einig, wozu sie siegen wollten. Sie hatten den Krieg gewonnen, aber den Frieden verloren. Die Frage nach dem Wozu der Freiheit weist in die Zukunft und muß gleichfalls bedacht werden.

Freiheit wozu?

Freiheit heißt: Kräfte, die bisher gebunden waren, werden frei zu neuem Wirken. In welcher Richtung, zu welchem Ziel sollen sie wirken? Liegt das Wozu nicht bereits vorher fest, so ist alle bloße „Freiheit-von" nur der Anfang der Anarchie.

Man bedenke die fremdsprachlichen Begriffe, die alle von demselben lateinischen Worte *liber* „frei" herkommen:

Libertät: altes Wort für ständische Freiheit;

Liberalität: Hochherzigkeit, Freigebigkeit, Vorurteilslosigkeit;

Libertinismus: Lebenshaltung, die keine Gebote anerkennen will (Libertin, Libertiner: Freigeist; liederlicher Mensch, Wüstling);

Liberalismus: die Weltanschauung, die für den einzelnen Menschen (oder für eine bestimmte Gruppe) Freiheit der Entfaltung erstrebt in geister, religiöser, politischer oder wirtschaftlicher Hinsicht.

Die metaphysische Sicht

Schiller in seinem Gedicht „Worte des Glaubens": „Der Mensch ist frei geschaffen, ist frei, und würd' er in Ketten geboren." Das ist eine Glaubensaussage, die dem biblischen wie dem idealistischen Glauben gemeinsam ist.

Einschränkende Frage: Wie steht es mit dieser Freiheit beim Durchleiden der „chinesischen Gehirnwäsche" in ihrer strengsten Form (vgl. Dries van Coillies Buch „Der begeisterte Selbstmord")? Wie steht es mit dieser Freiheit angesichts einer Gehirnverletzung, die Geisteskrankheit zur Folge hat?

Die metaphysische und die existentielle Sicht der Freiheit

Zur Frage der Freiheit haben sich zwei Denker geäußert, die gegeneinander die beiden äußersten Möglichkeiten be-

zeugt haben: Erasmus von Rotterdam in seiner Schrift *De libero arbitrio* (Vom freien Willen) und Martin Luther *De servo arbitrio* (Vom unfreien Willen). Es ist ungefähr der gleiche Gegensatz wie zwischen Indeterminismus und Determinismus (zwischen Willensfreiheit und Willensunfreiheit). Durch die Jahrhunderte haben die beiden Auffassungen miteinander gestritten, aber keine konnte die andere überzeugen oder besiegen.
Unsere heutige Lösung liegt in der Richtung des sog. komplementären Denkens: es handelt sich um zwei verschiedene Sichten derselben Wirklichkeit. Von Gott her gesehen hat Luther recht: der Mensch gleicht einem Pferd, das Gott oder der Teufel reitet. Ist Gott der Reiter, so erlebt der Mensch die Erfüllung seiner Bestimmung. Im andern Fall wird er zerstört. Das ist die metaphysische Sicht. Aus der Lage dessen, der sich zu entscheiden hat, ergibt sich folgende Sicht der Freiheit: im Akt der Entscheidung sieht der sich Entscheidende nur die beiden Möglichkeiten, zwischen denen er sich entscheidet. Vorher mag er um die rechte Führung bitten, nachher danken. Aber dazwischen – „da tritt kein andrer für ihn ein, auf sich selber steht er da ganz allein" (Schiller in „Wallensteins Lager"). Nur aufgrund solcher Freiheit zur Entscheidung ist der Mensch verantwortlich.

Begrenzte Freiheit

Der Spielraum unserer Entscheidungen ist begrenzt, damit also auch unsere Freiheit. Vor unserer Geburt ist über uns entschieden worden (vor-entschieden): unsere Existenz – unser Geschlecht – unsere Nationalität (und damit Muttersprache und Kultur) – unser Elternhaus (Eltern, Geschwister, Verwandtschaft) – unsere Begabung (und auch unsere Mängel). Nach der Geburt haben die Eltern über die Erziehung entschieden. Erst Schritt für Schritt werden wir zu eigenem Handeln reif.
Wie müssen wir uns zu den Vorentscheidungen verhalten, damit unser Leben fruchtbar wird? Wir müssen sie innerlich „annehmen" (so sagt der Psychotherapeut), aus Gottes

Hand nehmen (so spricht der Christ). Dieses Ja muß aber echt und ehrlich erfolgen. Innerhalb dieser Grenzen verläuft das, was wir „in Freiheit leben“ nennen mögen. Dieser Lebensraum ist aber noch weit genug.

2. WERTBEGRIFFE

Wir gebrauchen das Wort „Wert“ in der Umgangssprache zunächst für materielle Güter: so kennt die Post den „Brief mit Wertangabe“, aber auch „Muster ohne Wert“. Wir haben Wertpapiere und sprechen von Wertgegenständen, von wertbeständig und zahlen Mehr-Wert-Steuer.
Höher als diese materiellen stehen die ideellen Werte. Aber sie haben zur Voraussetzung, daß die materiellen Werte (oder Lebensgüter) als Grundlage aller Kultur vorhanden sind. Wer in der Wüste am Verdursten ist, für den ist das rettende Wasser in jener Lage der höchste Lebenswert. Dieser Sprachgebrauch zeigt: der Begriff „Wert“ steht nicht unwandelbar fest, sondern bezieht sich auf die jeweiligen Umstände des Lebens. Auch wo wir nur wenig von ihnen erfassen oder verwirklichen können, bilden die ideellen Werte die Oberstufe in der Ordnung der Werte: das Schöne – das Wahre – das sittlich Gute. Und darüber steht der Wert des Heiligen.
Hier soll nur dazu angeregt werden, im Denken und Sprechen zwischen Wert-Wörtern zu unterscheiden, die für gewöhnlich nicht deutlich genug gegeneinander abgegrenzt werden. Der denkende Mensch strebt aber nach Klarheit der Begriffe. So seien zunächst drei Gruppen dargestellt, deren Wert-Ordnung kurz angedeutet wird. Darauf treten noch sechs weitere Gruppen vor den Leser mit der Aufgabe, er möge selbst die rechte Ordnung und Begründung finden. Es gibt natürlich im Bereich der sittlichen Werte noch mehr Gruppen von Wert-Wörtern. Die hier vorgelegten sollen nur auf die Aufgabe des Unterscheidens hinweisen.

Freude – Heiterkeit – Vergnügen – Belustigung – Zerstreuung
Am höchsten steht die Freude (Herzwort der christlichen Botschaft, vgl. das Wort „Evangelium“). Darauf folgt die Heiterkeit („heiter“, ein Lieblingswort Goethes); sie setzt Ausgeglichenheit und Zufriedenheit des Herzens voraus. Vergnügen ist heutzutage äußerlich gemeint (vgl. Vergnügungssteuer, -sucht), obgleich einst innerlicher Herkunft (vgl. das mittlere Wort „genug“: Genugtuung, „volle Genüge haben“). Belustigung weist nur noch auf Äußerliches. Zerstreuung dagegen ist schon weithin negativ zu werten, denn sie zieht den Menschen von der Mitte und seiner Aufgabe der Selbst-Werdung ab.

Respekt – Achtung – Verehrung – Ehrfurcht
Respekt kann äußerlich erzwungen werden. Achtung bringen wir einem Menschen entgegen, dessen Leistung Eindruck macht, auch wenn wir den Menschen selber nicht recht mögen. Verehrung gilt der Persönlichkeit des andern. Ehrfurcht dagegen geziemt sich Gott und seiner Schöpfung gegenüber.

Weisheit – Klugheit – Schlauheit – Gerissenheit
Der Weise ist selbstlos, hat Humor und Güte. Er hat diese Haltung durch Leiden erworben. Weisheit ist somit eine Frucht innerlicher Erfahrung. Klugheit ist auf das eigene Ich gerichtet (und dient der auch christlich erlaubten Selbst-Liebe, vgl. „. . . und deinen Nächsten wie dich selbst“). Klugheit wird durch Schaden gewonnen („durch Schaden wird man klug“). Schlauheit gehört dem egoistischen Handeln zu, das bereits die Grenze des sittlich Erlaubten überschreitet. Wer mit Schlauheit handelt, hat eine Lücke im Gesetz erspäht und nutzt diesen Mangel selbstsüchtig aus. Er kann juristisch nicht belangt werden, bleibt aber ethisch anrüchig. Gerissen dagegen heißt der Mensch, der Unrecht tut, sich aber nicht erwischen läßt. Das ist juristisch wie auch ethisch verwerflich.

Weitere Wert-Wort-Gruppen (von oben nach unten zu lesen):

Herzlichkeit	Vollmacht	Mut
Freundlichkeit	Macht	Tapferkeit
Höflichkeit	Kraft/Stärke	Kühnheit
Förmlichkeit	Gewalt	Verwegenheit/ Tollkühnheit

Überzeugung	Treue	Ehe
Glaube	Liebe	Freundschaft
Meinung	Zuneigung	Kameradschaft
	Anhänglichkeit	Bekanntschaft

3. POLARE TUGENDLEHRE

Das Wort Tugend

Das Hauptwort *Tugend,* verwandt mit *taugen* (mhd. *tugen),* bezeichnete im Mittelalter die „Tüchtigkeit", d. h. jede einzelne Eigenschaft sowie die Gesamtheit aller Eigenschaften, durch die eine Person (oder auch eine Sache) zu etwas taugt.

In der Neuzeit ist die Bedeutung eingeengt worden (und zwar in der Alltagssprache wie in Philosophie und Theologie): Tugend meint heutzutage nur ethisches Verhalten und ethische Werte.

Das deutsche Wort *Tugend* dient zur Übersetzung von lat. *virtus.* Dieses Wort gehört zu *vir* „Mann" und meint alles, was den Mann als Mann charakterlich auszeichnet, was zur Mannhaftigkeit gehört.

Den Tugenden stehen die „Untugenden" oder „Laster" gegenüber. „Untugend" ist das schwächere, „Laster" das stärkere Wort. Unter einem *Laster* verstehen wir den zur Leidenschaft entarteten Trieb des Menschen. Die Namen der Laster haben als zweiten Bestandteil oftmals das Wort Gier oder Sucht (Habgier, Trunksucht).

Polarität der Tugenden

Wir müssen die überlieferte Ordnung der Tugenden erweitern, denn des öfteren fordern zwei Tugenden einander, so daß erst in ihrem Miteinander das ganze Leben sich gesund entfalten kann. Dabei bleibt aber die alte Einsicht bestehen, daß nämlich jeder Tugend eine Untugend als Bedrohung wie ein dunkler Schatten zur Seite geht.
Doch zunächst müssen wir noch deutlich machen, was *polar* bedeutet.

polar

Gr. *polos* „Pol" ist über franz. *polarité* als „Polarität" ins Deutsche gekommen. Zwei Pole sind einander entgegengesetzt, wirken aber aufeinander ein: jeder wirkt nur auf den anderen bezogen, so daß er den anderen ergänzt (so sind z. B. die beiden Geschlechter einander polar zugeordnet).

Die Gruppierung polarer Tugenden

Es genügt nicht mehr, nur die Tugend der Sparsamkeit und die Untugend des Geizes oder die Tugend der Freigebigkeit und die Untugend der Verschwendungssucht einander entgegenzusetzen. Vielmehr müssen wir diese beiden Tugenden als einander polar zugeordnet verstehen: die Sparsamkeit bewahrt die Freigebigkeit davor, daß sie in Verschwendungssucht entartet, und die Freigebigkeit bewahrt die Sparsamkeit davor, daß sie in Geiz entartet. Daraus ergibt sich diese Ordnung:

Sparsamkeit – Freigebigkeit
Geiz Verschwendungssucht

Entsprechend lassen sich weitere Begriffspaare ordnen:

Mut – Besonnenheit
Tollkühnheit Feigheit

Klugheit – Freundlichkeit
Gerissenheit Gutmütigkeit

Demut – Hoheit
Kriecherei Hochmut

Genauigkeit –	Großzügigkeit
Kleinlichkeit	Schlamperei
Verschwiegenheit –	Offenheit
Verschlossenheit	Geschwätzigkeit
Hingegebenheit –	Selbständigkeit
Unterwürfigkeit	Selbstherrlichkeit

Die Tugenden und die Liebe

Theologisch gesehen stehen die Tugenden im Raum des Gesetzes. Aber das philosophische Denken vollzieht sich in der Ethik sowieso nur dort.

Dennoch fragen wir weiter, ob die Liebe (gr. *agape)* auch nur solch eine Tugend neben anderen sei. Die neutestamentlich gegründete Antwort eröffnet eine neue Dimension der Existenz wie des Denkens: die Liebe ist der Lebensquell, aus dem wir die Kraft gewinnen, diese Tugenden zum Wohl unserer Mitmenschen zu leben. Ohne Liebe bleiben Sparsamkeit sowie Freigebigkeit ohne Herz, ohne Seele. Erst die Liebe verleiht ihnen allen die rechte heilsame Wirksamkeit. Vielleicht müssen wir sagen: erst die Liebe macht

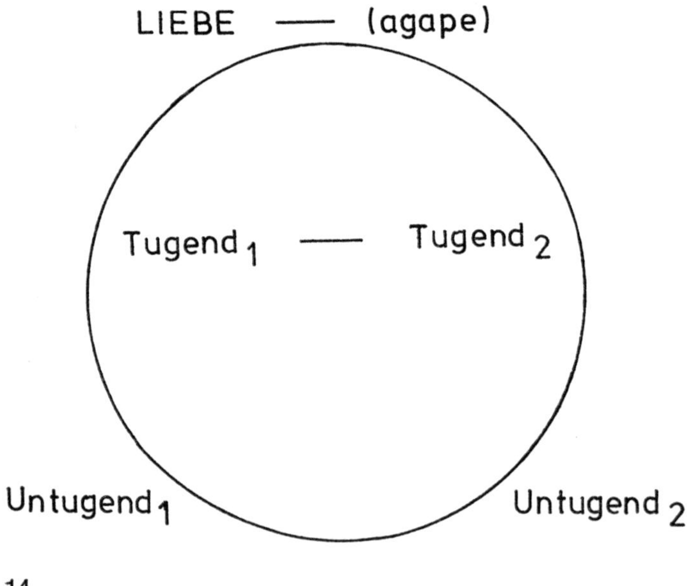

es möglich, daß die beiden einander polar zugeordneten Tugenden einander wirklich rufen und ergänzen können. Ist es nicht oftmals so, daß die beiden Ehegatten die beiden einander polar zugeordneten Tugenden verkörpern und sich dadurch in Liebe wahrhaft ergänzen?

4. INDIVIDUALISMUS ODER KOLLEKTIVISMUS?

Wörter mit der Endung *-ismus* bezeichnen zumeist eine Weltanschauung, so die Begriffe Individualismus und Kollektivismus. Sie sind beide noch nicht alt: das Wort *Individuum* stammt aus dem 18. Jahrhundert, der von ihm abgeleitete Begriff *Individualismus* ist später entstanden. Die sprachliche Ableitung von lat. *in-dividuum* „unteilbar" hilft uns geistig nicht weiter, es sei denn, wir wollten uns damit begnügen zu sagen: der Mensch ist eine letzte Größe, die nicht mehr aufgelöst werden darf oder soll, er ist eine Ganzheit. Das Gegenwort *Kollektivismus* ist erst in neuester Zeit geprägt worden.

Der Individualismus

Das Wort Individuum wird heutzutage nur noch in abschätzigem Sinn gebraucht: „ein verdächtiges Individuum". Die von ihm abgeleiteten Begriffe wie *individuell* und *individual* (dieses Wort in Individual-Ethik, dazu Individualist und Individualismus) dagegen sind sachlich bestimmte Begriffe der Philosophie und Wissenschaft geworden und geblieben. Individualismus ist der Name für die Haltung, da der Mensch nur an sich selber denkt: er verlangt Freiheit für sich als einzelnen (oder für eine kleine Gruppe) von jedem Zwang, von jeder Vorschrift, die ihn von außen einengen will.

Licht- und Schattenseiten des Individualismus

Dem Individualismus eignet etwas Gutes wie etwas Gefährlich-Böses. Ist der Individualist ein genialer Mensch als Künstler oder Erfinder, so wird die Menschheit durch ihn

beschenkt. Deshalb müssen Künstler, aber auch Erfinder und Entdecker jeder Art in gewissem Sinne Individualisten sein.
Das Sinnbild dieser Haltung ist der geschlossene Kreis: der Individualist lebt in sich abgeschlossen, hat aber in sich einen gewissen Spielraum.
Der Individualist meidet zwar nicht den Umgang mit anderen Menschen, aber er tut sich ihnen innerlich nicht auf; er möchte sie am liebsten nur für seine Zwecke benutzen oder in Dienst nehmen. Er trifft mit ihnen nur zusammen, wenn er ihre Hilfe braucht; dann aber auch, wenn er mit ihnen zufällig an einer Veranstaltung teilnimmt. So sitzen im Theater oder Konzert viele einzelne nebeneinander. Da die Veranstaltung öffentlich ist, bilden sie das *Publikum.* Nachher laufen sie wieder auseinander, jeder geht seinen Weg. Dazu die Schemazeichnung:

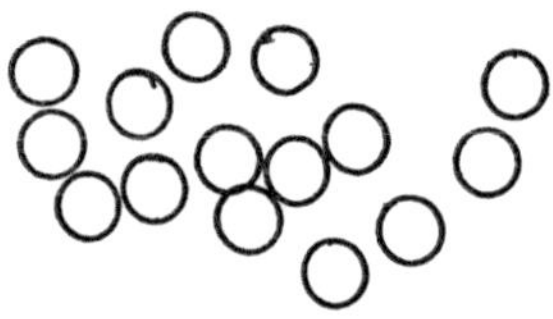

Der Kollektivismus
Das Gegenwort zu Individualismus heißt *Kollektivismus.* Sprachgeschichtlich gehört es zur gleichen Wortfamilie wie Kolleg, Kollege, Kollekte: diese Wörter kommen von lat. *col-legere* „gemeinsam lesen“ (Kolleg betont die sprachliche Seite, das „Vorlesen“, daher auf Deutsch auch „Vorlesung“; Kollege meint das gemeinsame Wirken; Kollekte das „Lesen“ in seiner ursprünglichen Bedeutung von Sammeln).
Die Gemeinsamkeit, welche das Wort Kollektivismus ausspricht, meint aber nicht das gemeinsame Wollen einzelner Personen, die sich in Freiheit zu gemeinsamem Handeln entschlossen haben (wie die Mitglieder eines Vereins oder einer Vereinigung). Vielmehr wird solche Gemeinsamkeit durch äußeren Zwang herbeigeführt. Der ist notwendig (und auch der Individualist bejaht ihn) in Stunden äußerster Not:

bei Feuersgefahr oder Hochwasser, bei irgendeiner Katastrophe solcher Art, wo alle Menschen einander beistehen müssen, schon um dadurch auch selber Hilfe zu empfangen.

Die Lichtseite des Kollektivismus

Die Menschen, die in dieser Lebensordnung arbeiten, vollbringen Taten, die sie als einzelne und freiwilig niemals fertiggebracht hätten: Sibirien wird besiedelt, und seine Bodenschätze werden erschlossen. In China werden die großen Ströme eingedeicht, so daß ihre Hochwasser nicht mehr solch maßlosen Schaden anrichten können. Waldlose Gebiete werden aufgeforstet.

Die Schattenseite des Kollektivismus

Der Mensch wird zum Arbeitstier, zum bloßen Sklaven erniedrigt; er gilt nur noch soviel, wie die Leistung seiner Hände wert ist. Er ist nichts anderes als ein Werkzeug einer übergreifenden Planung.

Schemazeichnung des Kollektivismus: der einzelne hat nur noch ganz wenig Spielraum für sich, wird aber mit den anderen zusammengepreßt (zusammengeschweißt), daher der zusammenschließende Rahmen um alle:

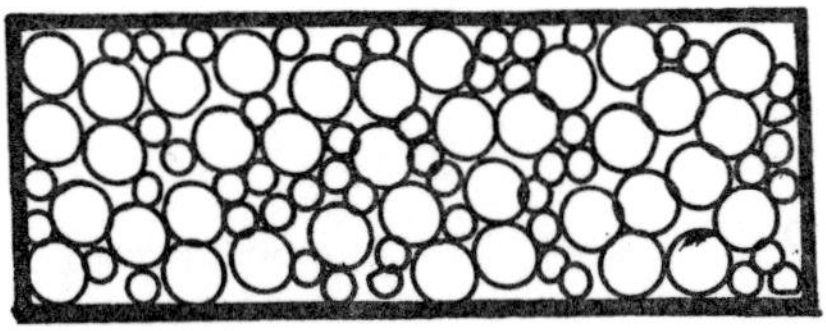

Jenseits der Gegensätze: die Gemeinschaft

Individualismus und Kollektivismus enthalten jeder eine bestimmte Seite der Wirklichkeit, die nicht aufgegeben werden kann: wir brauchen den schöpferischen einzelnen sowie das gemeinsame Wirken der Vielen. Der Mensch ist als einzelner geschaffen worden, damit er Er-Selber werde, aber er soll als Glied einer Gemeinschaft leben und wirken. Keine der beiden einander entgegengesetzten Weltanschauungen kann die andere überwinden. Die Schatten-

seiten zeigen aber, daß jede einer Welt angehört, die aus dem Ursprung (aus Gott) herausgefallen ist.
Die höhere Ebene jenseits ihrer Gegensätze wird durch das Wort *Gemeinschaft* bezeichnet. Das deutsche Wort *Gemeinschaft* entspricht wort-wörtlich dem lat. *communio:* diese Wortfamilie reicht von der *communio sanctorum* (Gemeinschaft der Heiligen) des Credo über die Kommunalbehörden bis zu Kommunismus und Kommunarden. Gemeinschaft meint hier die Gemeinde Jesu. Sie findet sich in Reinheit unter Menschen nicht (der einzige wahre Christ war Christus). Philosophisch gesprochen, bleibt sie eine „Idee". Aber Christen sollen und wollen sie in dieser Welt verwirklichen (durch das Wirken des Hl. Geistes). In dieser Gemeinschaft in Christus wird das Wahrheitsmoment des Individualismus bewahrt: jeder Mensch ist einzigartig und bleibt er selber; zugleich kommt auch das Wahrheitsmoment des Kollektivismus zur Geltung: jeder dient der Gemeinschaft (daher ist der kleine Kreis geöffnet). Somit ergibt sich diese Schemazeichnung:

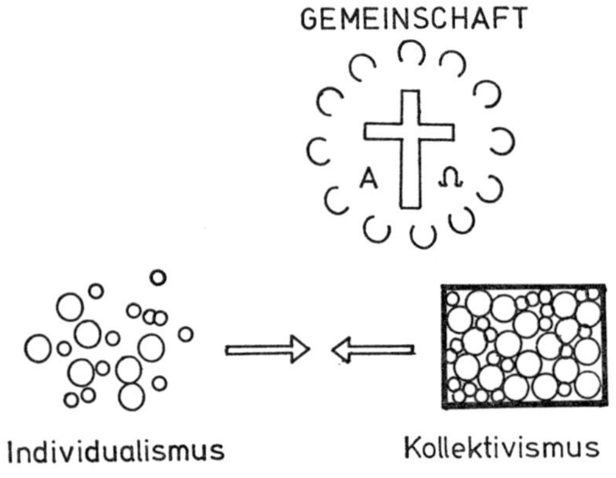

Diese Ordnung gilt in der gesamten Weltanschauungslehre, soweit wir sie als Christen verstehen: stets steht ein „Ismus" einem anderen „Ismus" gegenüber; doch in der höheren Mitte ist die Fülle in Christus gewahrt: z. B. Nationalismus und Internationalismus; aber die Gemeinde Jesu ist weder nur national noch nur international, sie ist ein Drittes.

So steht es auch mit dem Gegensatz zwischen Idealismus und Materialismus usw. usw. Man kann darüber sprechen, welche Weltanschauungs-Paare wichtig sein mögen. Aber stets nimmt Jesus Christus jene dritte Stelle ein, die wir als höhere Mitte bezeichnet haben.

5. IDEALIST UND PHANTAST

Zuerst fragen wir, was man in der Umgangssprache mit dem Wort *Idealist* meine. Die Antworten: einer, der sich für etwas Höheres einsetzt, ohne an Geld zu denken – ein selbstloser Mensch – ein Mensch, der die Wirklichkeit nicht ganz ernst nimmt – ein Träumer und Spinner. Und was meint das Wort *Phantast?* Auch einen Träumer – nur noch schlimmer als ein Idealist. Doch auf diesem Wege kommen wir nicht weiter. Was immer „man" sagen mag, strenges Denken muß wissenschaftlich vorgehen. Somit setzen wir beim Ursprung des abendländischen Idealismus ein.

Plato
Dieser große griechische Denker schaute im Geist die ewigen Ideen des Guten, Wahren und Schönen. Leider hat er nicht aufgeschrieben, wie er das anstellte, wie das vor sich ging. So wissen wir nicht, ob es sich dabei um eine angeborene Fähigkeit handelte, ein erworbenes Vermögen oder eine göttlich geoffenbarte Begnadigung. Wir wissen auch nicht, ob und wie er seine Schüler solches Schauen des Geistes lehrte oder es ihnen erschloß.
Dem Wort *Idee* liegt gr. *eidoo* „ich sehe, schaue" zugrunde. Die Ideen sind im Geist geschaute Größen und als solche unsterblich, haben also ewiges Sein. Da sie unsichtbar sind, müssen sie sichtbare Gestalt annehmen: das geschieht in den Idealen.

Über den Unterschied zwischen Ideal und Idol
Idol kommt über lat. *idolum* von gr. *eidoolon* „Spiegelbild im Wasser" und meint etwas, was etwas zu sein scheint, aber

nichts ist. Die Übersetzer der Septuaginta (des Alten Testaments ins Griechische in vorchristlicher Zeit) setzten dieses Wort für Götterbild und bezeugten damit, ein Götterbild sei nur ein Götzenbild, also etwas Unwirkliches.
Frage: Wieso ist ein Sportsmann oder eine Filmdiva nur ein Idol, niemals aber ein Ideal? Inwiefern fördert die Begeisterung für solch eine Gestalt nicht den jungen Menschen auf dem Weg zur Reife?
Ein Idol wird nur bewundert, aber einem Ideal eifert man nach, und zwar nicht nur für kurze Zeit!

Idealismus

Wer jene Ideen Platos für wirklich hält (für „wirklich", nicht für „real", denn dieses Wort bezieht sich stets auf die erfahrbar-sichtbare Welt), heißt *Idealist,* seine Überzeugung *Idealismus.* Weil die Ideen im Mittelalter für wirklich gehalten wurden und man lateinisch sprach, wurde für wirklich das Wort „real" gebraucht. Daher hieß der Idealismus im Mittelalter *Realismus.* Doch heutzutage dürfen wir diesen Begriff nicht mehr in jenem alten Sinn gebrauchen.

Idealismus und Materialismus

Der eigentliche Gegensatz zu Idealismus heißt Materialismus. Glaubt der Idealist, die eigentliche Wirklichkeit sei der Geist, dem gegenüber die stoffliche Welt nur eine abgeleitete Größe darstelle, so denkt der Materialist umgekehrt, indem er den Geist als ein Produkt der Materie versteht.
Wo steht angesichts dieses Gegensatzes der biblische Offenbarungsglaube? Jenseits jenes Gegensatzes, denn der Schöpfer hat beides geschaffen, Geist und Stoff, sichtbare und unsichtbare Wirklichkeit. Keine dieser beiden Größen läßt sich auf die andere zurückführen. Sie stehen aber in Wechselwirkung zueinander.

Phantast und Phantasie

Das Wort Phantast kommt vom gr. Verbum *phainoo* „ich mache sichtbar, bringe ans Licht, zeige" (dazu das Medium *phainomai* „ich werde sichtbar, komme ans Licht, zeige mich, erscheine"). Ein *Phänomen* (gr. *phainomenon* Pt. Pf.) ist eine Erscheinung (wobei die Frage offen bleibt, ob es sich dabei um etwas Wirkliches oder um etwas nur Eingebildetes handelt). Zur selben Wortwurzel gehört auch *Phantasma* „Erscheinung, Traumbild, Trugbild". Die Kraft, die in uns solche Bilder hervorruft, heißt *Phantasie.* Sie ist die Einbildungskraft, also die Kraft, durch die wir in uns ein Bild schaffen oder durch die in uns ein Bild entsteht. Ohne diese Kraft wäre das Leben nicht nur grau und langweilig, es wäre überhaupt unmöglich. Sie ist das synthetische Vermögen der Zusammenschau gegenüber dem unterscheidend-analytischen Vermögen des Verstandes.

Hier erhebt sich eine entscheidende Frage: Entspricht, was die Phantasie hervorbringt, der Wirklichkeit, oder handelt es sich um Trugbilder? Oder: wann haben wir das eine, wann das andere vor uns?

Das Wort *Phantast* ist erst im 15. Jahrhundert nachzuweisen: mhd. *fantast* von mittellat. *phantasta* (von gr. *phantastees).*

Über den Unterschied zwischen Idealist und Phantast

Wie können wir den Idealisten und den Phantasten voneinander unterscheiden? Wenn wir beide nur aus dem Abstand des unbeteiligten Zuschauers sehen, ist es wohl unmöglich. So erscheint Schiller doch eigentlich wie ein Phantast, wenn er glaubt, die Kunst werde den Menschen bessern — obgleich er (und dies wieder ein Zeichen von Wirklichkeitssinn) zugibt, daß in den Zeiten, da die Künste blühten, die Menschen moralisch gesunken waren!? Vgl. dazu seine Aussage im zehnten seiner Briefe „Über die ästhetische Erziehung des Menschen" (1795):

„In der Tat muß es Nachdenken erregen, daß man beinahe in jeder Epoche der Geschichte, wo die Künste blühen und der Geschmack regiert, die Menschheit gesunken findet und auch nicht ein einziges Beispiel aufweisen kann, daß ein hoher Grad und eine große Allgemeinheit ästhetischer Kultur bei einem Volke mit politischer Freiheit und bürgerlicher Tugend, daß schöne Sitten mit guten Sitten und Politur des Betragens mit Wahrheit desselben Hand in Hand gegangen wäre."

Als Gegenstand für eine Aussprache wäre die Frage möglich: Wie erkennen wir, ob jemand ein Idealist oder ein Phantast ist? Wenn sich theoretisch nichts entscheiden läßt, wo finden wir ein praktisches Urteilsmittel? Antwort: in dem Jesus-Wort „An ihren Früchten sollt ihr sie erkennen" (nämlich die Irrlehrer: Matth. 7, 20).
Nur als Randbemerkung sei noch hinzugefügt: hierher gehört auch die Frage nach der *Utopie.* Das Wort kommt aus dem Griechischen: *u-topos* „kein Ort", was keinen Ort in dieser Welt hat. Das kann ein Traum sein, der eines Tages doch Wirklichkeit wird; es kann aber auch Ausdruck geistiger Krankheit sein.

Was ist Ideologie?
Das Wort Ideologie erscheint literarisch zum ersten Mal um 1800 herum und ist eine Neubildung zu gr. *idea* „Idee" und *logos* „Lehre". Was immer früher auch darunter verstanden wurde, in unserer Zeit ist der Begriff Ideologie eindeutig durch den historischen Materialismus geprägt worden: ihm gilt alles Geistige (Religion, Metaphysik, Kunst und Wissenschaft) nur als „ideologischer Überbau" der jeweiligen wirtschaftlichen Verhältnisse. Die herrschende Klasse habe diese geistige Lehre ersonnen, damit die unteren Schichten der Bevölkerung ihr gehorsam blieben.
Das Wort *Ideologie* hat einen abschätzigen Klang und meint stets etwas Gemachtes, deshalb Unechtes. Darum ist es falsch, etwa von einer „christlichen Ideologie" zu sprechen. In verantwortlichem Denken gibt es keine Ideologien! Wo sie auftreten sollten, da wären sie mit aller Strenge abzuweisen und als das zu brandmarken, was sie sind: als Machwerke zu einem bestimmten Zweck, als Instrumente im Kampf der Mächte.

6. ÜBER DIE ABSTRAKTION

Das Wort abstrahieren
Vom lat. Verbum *abs-trahere* „abziehen" (mit dem Pt. Pf. *abstractum* „das Abgezogene") ist das Fremdwort *abstra-*

hieren abgeleitet, das sich seit dem 16. Jahrhundert in der philosophischen Fachsprache vorfindet. Im 18. Jahrhundert trat an seine Seite das Verbal-Substantivum *Abstraktion* (von lat. *abstractio)* „die Verallgemeinerung".

Der Vorgang der Abstraktion

Was abstrahieren meint, sei an einem Beispiel deutlich gemacht:
dieser braune, viereckige Holztisch hier — brauner viereckiger Holztisch — brauner Holztisch — Holztisch — Tisch — Möbel — Ding — Seiendes.

Die Notwendigkeit der Abstraktion

Wir Menschen finden uns von einer Unzahl von Dingen umgeben, die (vielleicht) alle unsere Aufmerksamkeit fordern möchten, die wir aber unmöglich alle beachten können. So sehen wir von allem ab, was wir im Augenblick nicht brauchen, was wir nicht sehen wollen, d. h. wir abstrahieren und kümmern uns nur um das, was uns wichtig ist.
Besonders wichtig ist für jeden sein Fachgebiet im Beruf. Hier möchte und muß er alle Fachausdrücke genau wissen. Der Außenstehende kennt nur die umfassenden Abstrakta, der Fachmann dagegen die genauen Bezeichnungen. So spricht der Großstadtmensch vielleicht nur von „Wiesenblumen", der Kundige dagegen nennt sie mit Namen: Pechnelke und Wiesenschaumkraut, Hahnenfuß und Margerite.
Das Abstrahieren ist notwendig, damit wir voranschreiten. Wir würden sonst an Einzelheiten hängenbleiben und nicht zu unserer eigenen Sache kommen. Der Vortragende spricht allgemein zu den Anwesenden, zu seinen Hörern. Will er konkret sprechen, so kann er das nur im Zwiegespräch tun, wie es in der Seelsorge geschieht.
Abstrahieren heißt, von etwas absehen, was durch Absehen aber nicht aufhört, doch vorhanden zu sein. So unterscheiden wir bei einer Strecke AB Richtung und Länge. Bedenken wir nur die Länge, so lassen wir die Richtung aus dem Spiel. Das geschieht zunächst im geometrischen Unterricht, wenn es heißt: gegeben ist eine Strecke AB von der Länge

5 cm. Wir müssen immer von dem einen oder anderen absehen, müssen aber bedenken, daß das, was wir dabei übersehen, weil es für uns nicht wichtig ist, für jemand anderen um so wichtiger sein mag.

Die Gefahr der Abstraktion

Wie überall, so sind auch hier Licht- und Schattenseiten beieinander. Neben der Gabe droht die Gefahr. Worin liegt die Gefahr der Abstraktion? Zunächst darin, daß wir meinen, das Übersehene sei nicht mehr vorhanden; dann aber in der Meinung, die Abstrakt-Wörter, die wir in unserer Sprache bilden können, wiesen auf etwas Wirkliches hin. Das sei an einigen Beispielen deutlich gemacht:
„Glaube" ist bereits abstrakt, verlangt aber immerhin noch jemanden oder etwas, woran einer glaubt. „Gläubigkeit" dagegen schwingt in sich selber, ist also eine Art Über-Abstraktum. – Wenn wir fragen, wie der Dichter XY zu Christus stehe, so bewegen wir uns personhaft. Wollen wir dieser verantwortlichen Redeweise ausweichen, so fragen wir nach dem „Christlichen" bei XY. „Das Christliche" und „die Christlichkeit" sind solche Abstrakta, die nur dazu verhelfen und verleiten, personhaft-verantwortliche Rede zu vermeiden. Die Sprache lebt vom Verbum und vom Pronomen, d. h. davon, daß wir stets den Täter nennen und deutlich sagen, was einer tut (oder erleidet). Hierin steht das Hebräische des Alten Testaments als unerreichbares Vorbild vor uns! Bekannt ist der Ruf „Freiheit, Gleichheit, Brüderlichkeit!" – aber wie wollte man reden, wenn man verbal zu sprechen hätte? Die Gefahr der abstrakten Redeweise mit ihren Wortungeheuern: man baut sich eine Scheinwelt auf und meint, das sei Wirklichkeit.

Wie schützen wir uns vor vieldeutiger Abstrakt-Rede?

An einem Beispiel aus den Paulinischen Briefen sei gezeigt, wie Paulus ein Abstraktum eindeutig gebraucht und anschaulich macht. Zum Eingang seiner Briefe grüßt er gern mit den Worten „Gnade sei mit euch und Friede". Als den Geber dieser guten Gaben nennt er „Gott". Weil dieses

Wort (gr. *theos)* aber auch in den heidnischen Tempeln gebraucht wurde, weil es also mehrdeutig war, mußte er es näher bestimmen. So fügte er das Wort „Vater“ hinzu und den Namen „Jesus Christus“. Damit hatte er den Sprung aus der abstrakt-mehrdeutigen Rede hin zum personhaft eindeutigen Wort getan.
Theologische und erst recht philosophische Sprache wird stets mehr oder weniger abstrakt bleiben. Deshalb bedarf die abstrakt-theologische Redeweise der Ergänzung durch das Gebet, denn hier wird personhaft gesprochen. Vielleicht müssen wir überhaupt vom Gebet her eine neue und ganz andere Art des theologischen Redens uns zu eigen gewinnen?

7. WARUM UND WOZU?

Die Kausal-Frage Warum?
Diese Frage lenkt den Blick zunächst zurück und ist grundlegend wichtig in den Naturwissenschaften. Alles hat seine Ursache, und jede Ursache hat ihrerseits wieder eine Ursache, und so geht es fort bis ins Unendliche, d. h. bis die Vernunft diese unendliche Reihe mit dem (an sich undenkbaren) Begriff der *prima causa* „der ersten Ursache“ abschließt.
Ist das aber wirklich ein Abschluß? Ist es nicht vielmehr der verhüllende Ausdruck einer großen Verlegenheit? Aber was sollen wir sonst tun?

Die Final-Frage Wozu?
Die Frage richtet den Blick vorwärts und ist grundlegend wichtig im Bereich des Handelns (der Ethik). Zu welchem Zweck tut einer das, was er tut? Auf welches Ziel gerichtet handelt er so, wie er handelt?

Die Unterscheidung zwischen Warum und Wozu
Meist hat unser Handeln eine Ursache sowie ein Ziel, steht also unter beiden Fragen. Oftmals allerdings erfolgt es auch

nur aufgrund eines Warum, weil es getrieben ist, hat aber kein Ziel.
In der Umgangssprache werden beide Fragen meist miteinander verwechselt, richtiger: gewöhnlich fragt man nur „warum?". Ob das auf die lange Vorherrschaft von Naturwissenschaft und Technik zurückzuführen sein mag?
Ein Beispiel der Unterscheidung: „Warum gehst du zur Schule?" Antwort: „Weil die Ordnung unseres Staates den Schulbesuch verlangt." „Aber wozu gehst du zur Schule?" Antwort: „Damit ich etwas lerne."

Die Warum-Frage fragt an Gott vorbei

Diese beiden Fragen genau zu unterscheiden, ist für das geistliche Leben grundlegend wichtig. Das sei an zwei Beispielen dargelegt: an der Berufung Abrams sowie an der Frage, warum Gott das Leid geschickt habe.

Die Berufung Abrams

Die Heilsgeschichte der Menschheit beginnt damit, daß in Kleinasien ein bis dahin unbekannter Mann namens Abram (mit seiner Frau) gerufen wird, wie wir 1. Mose 12, 1–3 lesen:

Und der Herr sprach zu Abram: „Gehe aus deinem Vaterlande und von deiner Freundschaft und aus deines Vaters Hause in ein Land, das ich dir zeigen will.
Und ich will dich zum großen Volk machen und will dich segnen und dir einen großen Namen machen, und du sollst ein Segen sein.
Ich will segnen, die dich segnen, und verfluchen, die dich verfluchen; und in dir sollen gesegnet werden alle Geschlechter auf Erden."

Man lese die Verse vorher und nachher, und man wird verstehen, wieso die folgenden Antworten gegeben werden müssen!
Frage: *„Warum* wurde dieser Mann berufen?" Antwort: keine Antwort! Das biblische Zeugnis antwortet darauf nicht. Wie unsere Väter sprachen: „Gottes Will' hat kein Warum!" Anders ausgedrückt: mit der Warum-Frage verfehlen wir Gott! Sie gilt zwar innerhalb der Welt, nicht aber angesichts des Schöpfers der Welt.
Fragen wir dagegen: *„Wozu* wurde Abram erwählt?", so

gibt das biblische Zeugnis genaue Auskunft. Die Wozu-Frage bewegt sich in der Richtung des göttlichen Heilsplanes.

Unter den großen Katastrophen der Weltgeschichte sowie manchem Mißgeschick des eigenen Lebens fragen wir: „Warum hat Gott das geschickt?“ Solange wir so fragen, bleiben wir ohne Antwort. Gott verhält sich so, als wäre er überhaupt nicht da. Doch manchmal, wenn wir die Warum-Frage fallenlassen, erhalten wir schon in diesem Leben eine Antwort; aber vieles bleibt dunkel.

Zweiter Teil

FRAGEN DER WELTANSCHAUUNG

8. ATHEISMUS

Das Wort Atheist

Atheist ist eine neulateinische Wortbildung aus dem 16. Jahrhundert nach dem gr. *atheos* „ohne Gott, Gott leugnend, ohne Gott lebend". Es ist über franz. *athéiste* „der Gottesleugner, der Gottlose" zu uns ins Deutsche gekommen. Das zugehörige Adj. heißt *atheistisch,* die Weltanschauung *Atheismus.*

Die Vorsilbe *a-* bezeichnet einen Mangel (vgl. amoralisch, amusisch): ein atheistischer Mensch hat keine Beziehung zum Gottesglauben. Doch diese Beziehungslosigkeit kann auch soweit gehen, daß er sich dagegen stellt (womit allerdings wieder eine Beziehung, wenn auch eine verneinende, gegeben ist). Dann wird aus dem *a-* ein *anti-,* dann wird der Atheist zum Antitheisten (doch dieses Wort haben wir nicht), letztlich zum „kämpfenden Gottlosen".

Das Wort Atheist als Beziehungswort

Bei den alten Griechen und Römern wurde dieses Wort auf jeden angewandt, der die anerkannten Götter des Volkes oder Staates ablehnte. So wurden die ersten Christen in Rom „Atheisten" gescholten. So hat aber auch umgekehrt Paulus an die Christen in Ephesus schreiben können: sie seien, bevor sie Christen wurden, also zu der Zeit, da sie noch in den Tempeln anbeteten, *atheoi* „Atheisten" gewesen (Eph. 2, 12: Luther übersetzt hier „ohne Gott"). Wer also das Wort Atheist gebraucht, sollte zugleich deutlich sagen, was er mit *theos* „Gott" meint. Sonst ergibt sich unfruchtbare Rede, die oftmals sogar recht geistreich klingen mag (vgl. den Buchtitel Ernst Blochs „Atheismus im Christentum“ mit dem Leitsatz auf dem Umschlag: ‚Nur ein Atheist kann ein guter Christ sein, nur ein Christ kann ein guter Atheist sein‘, 1968).

Zur Geschichte des Atheismus vgl. die stoffreiche Darstellung von Kurt Leese in seinem Band „Die Religionskrisis des Abendlandes und die religiöse Lage der Gegenwart“, Hamburg 1948, S. 15 bis 168: „Atheismus und Gottlosenbewegung.“

Aus der reichhaltigen Übersicht Leeses sowie aus eigenen Erfahrungen hat sich dem Verfasser diese Übersicht gebildet.

Der reaktive Atheismus

Dieser entsteht, wenn eine vorliegende Religion so entartet ist, daß ein ehrlicher Mensch sich nicht mehr zu ihr bekennen kann (allerdings gehört zu solcher Ablehnung auch, daß er keinen Auftrag verspürt, diese entartete Religion zu reformieren).

So ist vielleicht Buddhas Atheismus zu verstehen: die Priesterherrschaft seiner Zeit wirkte so unsozial, daß er für ihre Götter nichts mehr übrig hatte. – So jedenfalls scheint der Deismus des 18. Jahrhunderts (dieser höfliche Atheismus) entstanden zu sein: die Streitigkeiten zwischen den christlichen Theologen schreckten viele Menschen ab, sie wollten nichts mehr mit einer Religion zu tun haben, deren Vertreter so sehr der Liebe ermangelten; also begnügten sie sich mit einem Gott „an sich“, der aber nicht in diese Welt eingreife. – Als reaktiv ist aber gewiß jener Atheismus zu verstehen, der sich mitunter bei den Kindern „frommer“ Eltern findet: was den Eltern einst ein Geschenk der göttlichen Gnade war, das verlangen sie als Leistung von ihren Kindern (damit verwandeln sie das Evangelium in Gesetz und zerstören es).

Der eigentliche Atheismus (in 5 Gestalten):

(1) Der empiristische Atheismus

Die sichtbare Welt wird als alleinige Wirklichkeit erfahren. Das ist die Grundstimmung unserer Zeit. Der Chirurg Virchow, so wird berichtet, habe einmal gesagt: „Ich habe viele Menschenleiber aufgeschnitten, aber niemals eine

Seele gefunden.“ Ist das richtig? Antwort: Ja! Doch dann folgte sein Trugschluß: „Also gibt es keine Seele.“ Ihm stimmte ein Kollege der Astronomie zu: „Und ich habe so oft das Weltall angeschaut, aber ich habe niemals so etwas wie ‚Gott‘ gesehen.“ Ähnlich hatte sich auch ein russischer Kosmonaut ausgedrückt. Damit haben beide etwas Richtiges ausgesprochen, denn sowohl die Seele wie auch Gott sind keine sichtbaren Objekte. Doch dann folgte der Trugschluß des Astronauten: „Also gibt es keinen Gott.“

(2) Der psychische Atheismus

Das ist der Atheismus der inneren Verödung. Der Mensch, der sich von Religion und Metaphysik zurückzieht, verflacht und verödet. Das Leben wird langweilig. So flieht er in Arbeit und Genuß.

(3) Der ethische Atheismus

Das ist der Atheismus des schlechten Gewissens: Der Mensch kennt Gottes Gebote, will ihnen aber nicht folgen. So schwindet allmählich das Gottesbewußtsein; zurück bleibt nur ein schlechtes Gewissen und, wenn man auf diese Fragen zu sprechen kommt, eine gereizte Stimmung.

(4) Der titanische Atheismus

Das ist der Atheismus der Selbstvergötterung. Er hat eine dichterisch ergreifende Gestalt in Goethes Gedicht „Prometheus“ gefunden. Vgl. dessen Schlußstück:

> Hier sitz ich, forme Menschen
> Nach meinem Bilde,
> Ein Geschlecht, das mir gleich sei:
> Zu leiden, zu weinen,
> Zu genießen und zu freuen sich –
> Und dein nicht zu achten,
> Wie ich!

Auf diesem Wege begegnen uns Nietzsche und dann die Machthaber des sogen. „Dritten Reiches“.

(5) Der praktische Atheismus

Das ist die Haltung aller, die sich Christen nennen, die aber nicht nach Gottes Willen leben (oder zu leben versuchen). Und wer müßte nicht bekennen, daß auch er immer wieder unter diese Gruppe fällt?

9. GOTTESBEWEISE

Der kosmologische Gottesbeweis

Aristoteles schloß von der Bewegung in der Welt auf einen ersten Beweger. Entsprechend gingen die Apologeten des christlichen Glaubens auf dem Weg des kausalen Denkens von der Wirkung zur Ursache und von dieser wieder auf ihre Ursache und so fort bis zu einer letzten Ursache zurück, der *prima causa,* die sie mit Gott in eins setzten.

Hier stehen wir vor einer grundsätzlichen Denkschwierigkeit: wir können eine unendliche Reihe von Ursache und Wirkung nicht denken. Aber (willkürlich) mit einer *prima causa* sie abzuschließen, ist unserem Denkvermögen auch nicht möglich. So müssen wir (Kant folgend) beides sagen: die Welt hat einen Anfang – die Welt hat keinen Anfang. Solche widersprüchliche Aussage zeigt die Grenze unseres Denkens an.

Das gläubige Denken hat noch einzuwenden: *prima causa* ist noch nicht der personhaft sich offenbarende Gott, zu dem Jesus „Vater“ gesagt hat, zu dem wir beten können und dürfen.

Der ontologische Gottesbeweis

Diesen Gottesbeweis hat Anselm von Canterbury (1033 bis 1109) aufgestellt: Wenn Gott nicht wirklich existierte, sondern nur als Idee, so widerspräche dieser Mangel dem Begriff Gottes als des vollkommenen Wesens. Es wird also aus dem Begriff der Vollkommenheit auf Existenz geschlossen.

Kant hat dagegen eingewandt: zweihundert gedachte Taler seien noch keine zweihundert wirkliche Taler. Dabei hat Kant aber übersehen, daß es sich um Vollkommenheit handelt (zweihundert Taler sind nichts Vollkommenes).

Wir müssen Anselm zustimmen: zur Vollkommenheit gehört die Existenz. Aber – wieso soll überhaupt ein „vollkommenes Wesen“ existieren?
Doch würde es nicht existieren, woher käme der Begriff solcher Vollkommenheit? Muß nicht erst die Wirklichkeit existieren und als solche wahrgenommen werden, bevor wir Menschen einen entsprechenden Begriff bilden können?

Der Sinn der Gottesbeweise
Natürlich läßt Gott sich nicht beweisen. Wären solche Beweise im strengen Sinn möglich, so wäre Gott kleiner als das menschliche Denken. Da Er aber größer als dieses ist, da Er „höher ist als alle Vernunft“ – sonst wäre Er nicht Gott –, müssen wir nach dem Sinn solcher Bemühungen fragen.
Sie machen den Gottesleugner stutzig und rufen auch den Freidenker zu ernsthaftem Denken. Dem Gläubigen aber bieten sie, so scheint es, eine Stütze der Vergewisserung. Doch widerspricht solches Stützen nicht dem wahren Glauben als einem Vertrauen? Dieses Sich-hinein-Vertrauen in Christus trägt seine eigene Gewißheit in sich (vgl. Röm. 8, 28. 38).

Über den Gottes-„Begriff“
Gibt es keinen wirklichen Gottesbeweis, wie steht es mit den Gottes-Begriffen? Mit einem Begriff wollen wir mit Hilfe der Vernunft etwas begreifen. Begriffe entstehen durch Definieren (von lat. *finis* „Ende, Grenze“), d. h. durch Festlegen der Grenzen des Begriffs und des damit Begriffenen. Gott aber ist unbegrenzt, also schlechthin nicht zu definieren. Was wir tun können, ist nur: den Zeugnissen seiner Offenbarung nach-denken.

10. WAS HEISST „RELIGION“?

Fremdwörter wie auch Abstrakta der deutschen Sprache sind mehrdeutig, „Religion“ sogar in einem geradezu unheilvollen Sinn vieldeutig.

Im 16. Jahrhundert konnte man noch naiv unterscheiden zwischen *religio vera* (der „wahren Religion"), das war die eigene, und *religio falsa* („falsche Religion"), das war die des andern.
Das Wort „Religion" kommt von lat. *religio* „Gottesverehrung" und gehört wohl nicht zu lat. *religare* „festbinden", sondern zu lat. *re-lego* „lese wieder, überdenke" (vgl. Andacht). Bis zur Mitte des 16. Jahrhunderts bedeutete es den christlichen Glauben.
Seit dem 18. Jh. hat „Religion" verschiedene Bedeutungen angenommen, von denen einige hier vorgestellt werden:

Schillers Bekenntnis „Mein Glaube"
Unter den als „Votivtafeln" bezeichneten Sprüchen Schillers findet sich auch dieser Zweizeiler:

> Welche Religion ich bekenne? Keine von allen,
> Die du mir nennst. Und warum? Aus Religion.

Das gleiche Wort „Religion" ist hier in zweifachem Sinn gebraucht: zuerst als Hinweis auf die objektiv-geschichtlichen Religionen, dann aber im Sinn von „Religiosität", also subjektiver Frömmigkeit.
Frage: Lebt nicht alle Religiosität von Religion, von einer bestimmten Religion? Muß ein Mensch, damit er sich später auf seine subjektive Religiosität zurückziehen kann, nicht zuvor in einer bestimmten Religion aufgewachsen und erzogen worden sein?
Was mag Schiller dazu bewogen haben, sich in dieser Weise zu äußern? Etwa der Zustand des Christentums damals?

Goethes Bekenntnis in den „Zahmen Xenien"

> Wer Wissenschaft und Kunst besitzt,
> Hat auch Religion;
> Wer jene beiden nicht besitzt,
> Der habe Religion.

Zwei Möglichkeiten der Auslegung: (1) Wissenschaft und Kunst führen den, der tief in sie eindringt, zu den letzten Fragen, entweder der objektiven Religion oder aber der subjektiven Religiosität. Wer nicht an Wissenschaft und Kunst Anteil hat, der halte sich – als Entschädigung – an die überlieferte Religion (an die christliche Landeskirche). (2) Wissenschaft und Kunst sind für den dafür Begabten das, was für den Unbegabten die überlieferte christliche Religion ist. Sie führen nicht zur Frage nach der Religion, sondern treten an deren Stelle.

Ein Wort Kaiser Wilhelms I.

Am 6. November 1887 schrieb der alte Kaiser in die Altarbibel der ev. Siegesdankkirche zu Altwasser den Satz: „Dem Volke muß die Religion erhalten bleiben". Mit Religion meinte er gewiß den evangelischen Glauben, das Christentum überhaupt. Dabei ist das Wort „Religion" aber niemals so einzuengen. Auch der amtliche Name „Religionsunterricht" in den Schulen ist falsch. Es muß die Religion genannt werden, um die es geht.
Das Wort des Kaisers läßt zwei Auslegungen zu: (1) Aus ehrlichem Erschrecken über die Entwicklung des Volkes (aufkommender Materialismus) ruft der alte Kaiser: „(Mein Gott!), meinem Volke muß doch sein Höchstes, das Christentum, erhalten bleiben!" (2) Ein Außenstehender, der sich bereits von aller Religion gelöst hat, ein Hochstehender blickt auf das (niedere) Volk und sagt, diesem Volk müsse aber die Religion erhalten bleiben (damit es keinen Aufstand unternimmt, denn Religion erziehe gehorsame Staatsbürger).

„Religion ist Privatsache"

Dieses Wort aus dem Ende des 19. Jahrhunderts hat weit gewirkt. Es war ein Leitwort links gerichteter politischer Bewegung. Es enthält Wahrheit wie Irrtum: Wahrheit, insofern Religion in der Tat das Persönlichste ist (die Beziehung des Menschen zu seinem Gott), das allerdings richtiger „Religiosität" genannt werden sollte; Irrtum, insofern alles Innere nach außen drängt („Wes das Herz voll ist, des geht der Mund über"); zudem richtet sich das Wort „Religion" stets auf Objektiv-Gegebenes (Tempel, Kult, Zeremonien, Heilige Bücher, Priester usw.). Ohne diese objektiven Größen verdünnt sie sich zu bloßer Religiosität (wie sie ohne diese nur ein starrer, leerer Ritus würde).

Religion als „Opium" verstanden

Das weltweit bekannte Wort besteht in zwei Fassungen: (1) Religion „ist das Opium des Volkes" (so Karl Marx in seinem Aufsatz „Zur Kritik der Hegelschen Rechtsphilosophie", Deutsch-französische Jahrbücher, Paris 1844). (2) „Religion ist Opium fürs Volk" (spätere Fassung).

Was heißt hier „Opium"? Wer rasende Schmerzen leidet, bekommt Opium, damit er sie nicht spürt. Opium ist also ein Betäubungsmittel. Als solches ist es hilfreich und notwendig, solange der Mensch leidet. Nun soll dieses Leiden überwunden werden (das werde in der klassenlosen Gesellschaft erreicht sein). Damit das leidende Volk aber nicht erwache, geben ihm die Besitzenden mit Absicht dieses „Opium" der Religion. Was zuerst wohl noch Hilfe war, in vergangenen Jahrhunderten, ist in der Neuzeit ein Betrug, ein Verbrechen. So konnte Lenin „jede religiöse Idee, jede Idee von jedem Gott" als eine „unaussprechliche Gemeinheit" bezeichnen.

Im Blick auf manche Erscheinungen der Kirchengeschichte und erst recht im Blick auf solche Entartungen wie die Tempelreligion des Hinduismus, die mit daran schuld ist, daß die Kastenordnung sich in Indien so hemmend und bedrükkend ausgewirkt hat, wird man jenem Werturteil über die Religion in gewisser Hinsicht zustimmen müssen.

Hier endlich tut sich eine Sicht auf, welche Jesus Christus als das Ende aller Religion verkünden darf.

11. DAS PARADOXON

Das Wort Paradoxon ist griechischer Herkunft: *para* „wider" und *doxa* „Meinung", und meint: was wider die gewöhnliche Meinung geht, was unglaublich und sonderbar ist. In diesem Sinn findet sich das Wort auch einmal im Evangelium. Nach der Heilung des Gichtbrüchigen loben die Menschen Gott und sagen: „Wir haben heute *paradoxa* gesehen" (Luk. 5, 26).

Nach der Logik ist etwas *a* oder *non-a.* Das ist der Satz

vom ausgeschlossenen Dritten. Gegen diesen Grund-Satz der Logik verstößt das Paradoxon. Man kann Paradoxa bilden, die unsinnig sind, z. B. hölzernes Eisen. Solche Redeweise ist unter- oder widervernünftig, ist schlechthin sinnlos. Dann aber ist das Paradoxon die Denk- und Sprachgestalt einer Redeweise, in welcher das Übervernünftige ausgesprochen wird. Diese Ordnung gilt bereits innerweltlich dort, wo eine Größe eines Seinsbereichs (einer Dimension) in der Sprache eines anderen Bereichs ausgesprochen werden soll. Will ein Blindgeborener in der ihm allein zugänglichen Sprache der Musik gesagt bekommen, was die Farbe gelb ist, von der er reden hört, so kann die Antwort nur lauten: gelb ist der Ton c und zugleich non-c, oder: gelb ist weder c noch non-c. Das muß ihm aber eine unsinnige, eine paradoxe Redeweise sein.

Der theologische Denker unseres Jahrhunderts, der das Paradoxon als Grundgestalt menschlicher Rede von Gott erkannt hat, ist Karl Heim (vgl. vor allem sein Werk „Glaube und Denken“).

In der Geschichte begegnen wir in Boëthius (ca. 480–524) einem solchen Denker, der das aufregende Paradoxon formuliert hat: „Wenn Gott ist, wo kommt dann das Böse her? Wenn Gott nicht ist, wo kommt dann das Gute her?“ Nikolaus von Cusa (1401–1464) wollte ausdrücken, Gott sei nicht in Begriffen der Körperwelt zu erfassen, und hat geschrieben: „Gott ist größer als das Größte, Gott ist kleiner als das Kleinste.“ Wieso? Da Er auch das Größte geschaffen hat, muß Er noch größer sein; da Er allgegenwärtig ist, muß Er, weil im Kleinsten anwesend, noch kleiner als dieses sein.

In der reformatorischen Theologie spielt (Paulus folgend) das Paradoxon eine große Rolle. Von einzigartiger Bedeutung ist es aber im denkerischen Lebenswerk des Sebastian Franck (1499–1542) geworden. Er hat seine paradoxen Aussagen in dem Werk „Paradoxa“ zusammengefaßt, von dem er im Titel unterhalb des griechischen Leitwortes schreibt: „Zweyhundert und achtzig Wunderreden . . . aller in Gott Philosophirenden Christen / rechte Götliche Philosophy / vnd Teütsche Theologey / voller verborgener wunderreden / vnn geheymnüß / den verstandt allerley fragen / vnd gemeine sprüche der H. Schryfft betreffende." In der Vorrede schreibt er (seine Sprache im Hochdeutsch unserer Zeit): „Nun habe ich diese meine Philosophie ‚Paradoxa' betitelt und Paradoxon als eine ‚Wunderrede' verdeutscht, weil die Theologie, der rechte Sinn der Schrift (die allein Gottes Wort ist), nichts ist als ein ewiges Paradoxon, gewiß und wahr wider allen Wahn, Schein, Glauben und Achtung der ganzen Welt."

Die Paradoxien der christlichen Offenbarung sind in dem einen Satz zusammengefaßt: Jesus Christus – „wahrer Gott und wahrer Mensch". Die Logik verlangt: a ist entweder Gott oder nicht-Gott, ist Mensch oder nicht-Mensch. Beides zugleich aber ist paradox. Ist auch der grundlegende Satz theologischen Denkens paradox, so folgen die auf ihm aufbauenden weiteren Sätze durchaus der Ordnung formaler Logik.

Das Paradoxon bestimmt die Lehraussagen der Kirche, aber nicht die Redeweise der Verkündigung und Seelsorge. Dort muß Satz und Gegensatz gesagt werden, gleichsam in einem Atemzug. Hier dagegen wird gesagt, was im Einzelfall notwendig ist. Auf der Kanzel bleibt das eine unlösbare Aufgabe, in der persönlichen Seelsorge dagegen ist es möglich. So wird hier einmal, etwa einem Leichtmütigen gegenüber, der Gott nicht ernst nehmen will, auf den heiligen Herrn und Richter hingewiesen, der den Sünder straft; einem wegen seiner Sünden Verzagten jedoch muß allein der alliebende Retter verkündet werden, der die Sünden vergibt und dem reumütigen Sünder neues Leben schenkt.

12. VOM NICHTWISSEN ZUR GEWISSHEIT

Die Vernunft sehnt sich nach Gewißheit. Am Anfang des Weges zu diesem hohen Ziel steht das *Nichtwissen*. Es gibt zweierlei Arten des Nichtwissens: das schuldlose und das schuldhafte Nichtwissen. Lat. *nescientia* als bloßes Nichtwissen dessen, was ich nicht wissen muß und kann, ist schuldloses Nichtwissen. Dagegen meint lat. *ignorantia* das schuldhafte Nichtwissen: eigentlich sollte ich es wissen, aber ich habe es nicht gelernt und weiß es deshalb nicht. Darum enthält das Fremdwort Ignoranz (Ignorant) auch einen Vorwurf.

Wer sich um Wissen bemüht, verfällt leicht dem *Irrtum.* Der sich Irrende weiß die Wahrheit nicht, meint aber, was er sage, sei wahr. Er unterscheidet sich also wesenhaft vom Lügner: dieser kennt die Wahrheit, sagt sie aber nicht.

Eine Stufe höher steht der *Zweifel.* Der Suchende geht auf dem Weg zur Wahrheit, kommt aber an eine Gabelung des Weges und weiß nicht, ob er nach links oder nach rechts schreiten soll. Er steht vor einem Dilemma (gr. *di-lemma* „Zwei-fel"). Wenn sich drei Möglichkeiten bieten, so könnten wir – gr. *Trilemma* folgend – von „Drei-fel" sprechen.

Steht man vor solch einem Dilemma, so versucht man erst den einen, dann den anderen Weg. Dabei folgt man einer *Vermutung* oder Mutmaßung.

Einen Schritt voran führt die *Meinung,* eine „vorläufige Entscheidung zwischen Ja und nein", wie Cleve sagt (S. 69 in seinem Buche „Denken und Erkennen" 1952, dem wir in diesen Fragen folgen). Hier handelt es sich um ein Fürwahr-Halten, eine bloß „subjektive Gewißheit des einzelnen". In der wissenschaftlichen Forschung entspricht ihr die Hypothese. Durch sie wird Wahrscheinlichkeit gewonnen. Wird eine Hypothese durch die Erfahrung bestätigt, so wird aus ihr eine Theorie. Aber auch von dieser gilt: neue Erkenntnisse können sie umstoßen.

Die höchste Stufe ist die *Gewißheit* (lat. certitudo), nicht mit „Sicherheit" (lat. securitas) zu verwechseln. Sicherheit gründet sich auf den Menschen, Gewißheit auf Gott. In der Christus-Nachfolge geht es um *Heilsgewißheit:* „Ich weiß, daß mein Erlöser lebt" (Hiob 19, 25).

Über Wissen und Nichtwissen haben wir zahlreiche Aussagen, die im Laufe der Jahrhunderte gemacht worden sind und zum besinnlichen Nachdenken einladen.

Erinnert sei an den Satz des Sokrates: „Ich weiß, daß ich nichts weiß*. Wir lassen ihn stehen, da er nicht leicht auszulegen ist, und wenden uns einem Vierzeiler indischer Spruchweisheit zu, dessen Verfasser unbekannt ist:

Wer nicht weiß und nicht weiß, daß er nicht weiß, den meide;
wer nicht weiß und weiß, daß er nicht weiß, den lehre;
wer weiß und nicht weiß, daß er weiß, den kläre auf;
wer weiß und weiß, daß er weiß, dem folge.

Während dieser Vierzeiler sich vornehmlich im rationalen Bereich bewegt, dringt der folgende Sechszeiler tiefer. Er ist aus alter Zeit im deutschen Sprachgebiet überliefert (wir geben ihn hier in der Sprache unserer Zeit wieder):

Ich bin und weiß nicht wer;
ich komm und weiß nicht, woher;
ich leb und weiß nicht, wie lang;
ich sterb und weiß nicht, wann;
ich geh und weiß nicht, wohin.
Mich wundert, daß ich fröhlich bin.

Zum Abschluß noch ein Wort des alten Goethe, das Richard Friedenthal in seinem Buch „Goethe / Sein Leben und seine Zeit" (1963, S. 670/71) mitteilt:
„Alles wird fraglich, selbst die geliebte Naturforschung. Nachdenklich spricht er vor sich hin: ‚Bey allen meinen Naturforschungen habe ich nichts weiter gewonnen als die Überzeugung, daß ich nichts weiß.' Eckermann schrieb es sogleich auf, aber er wagte nicht, das Wort in sein Buch aufzunehmen" (20. IV. 1825).
Damit stehen wir vor dem, was Nikolaus von Cusa *docta ignorantia* „gelehrtes Nichtwissen" genannt hat. Damit benannte er die durch Wissenschaft selbst gewonnene Einsicht, daß das Unendliche und Göttliche nicht zu erkennen und in menschlichen Begriffen auszusagen ist. „De docta ignorantia" ist der Titel des Hauptwerks des großen Cusaners (1440).

* Platon in seiner „Apologie" 21 D. Vgl. Romano Guardini, „Der Tod des Sokrates / Eine Interpretation der Platonischen Schriften Euthyphron, Apologie, Kriton und Phaidon", Rowohlts Deutsche Encyklopädie Band 27, S. 44.

13. „ALLES" UND „NICHTS" ALS GRENZBEGRIFFE

Unsere menschliche Vernunft ist merkwürdig beschaffen: Sie drängt dazu, alles, was wir erkennen und denken können, als möglichst einfach zu erfassen und auszusprechen. So genügen drei Wörter, um den Kreis des Denkbaren zu beschreiben: alles – etwas – nichts. Dabei sind *alles* und *nichts* Grenzbegriffe, denn kein Mensch kann wirklich verstehen, was sie meinen; kein Mensch kann sie wirklich denken. Sie bedeuten die Grenze unseres Erkennens wie auch unseres Denkens. Und alles, was dazwischen liegt, ist „etwas".

1. Wenn auch unsere Vernunft das Wort *alles* nicht begreifen kann, so kann doch das Herz erahnen, was es bedeutet, d. h. worauf es hindeutet. Paulus hat im Ersten Korintherbrief (13, 7) in vier kurzen Sätzen bezeugt, was Gott durch Christus vermag. Die vier Zeitwörter „vertragen, glauben, hoffen und dulden" bezeichnen, was wir Menschen auch können: jeder Mensch kann etwas vertragen, etwas glauben, etwas hoffen, etwas dulden; aber eben nur etwas. Dann kommt er an die Grenze und stöhnt: „Jetzt ist aber meine Geduld zu Ende."

Aber dort, wo ich am Ende bin, beginnt das Wirken Gottes: Er tritt unter die Last, die ich, der Mensch, für Ihn darstelle (gr. hypo-menein „dulden", wörtlich: darunter-bleiben, nämlich unter einer Last). Er trägt diese Last der Schuld und Sünde fort, d. h. Er vergibt sie. In dem Maße, wie ich das erfahren habe, bin ich willig und werde ich fähig, auch denen zu vergeben, die sich gegen mich verschuldet haben.

Das sind Vorgänge, welche die modernen Humanwissenschaften nicht erklären können: sie liegen nicht in ihrem Gesichtskreis, deshalb verschweigen sie diese neuschaffende Gottesliebe. Diese ist aber wirklich, ist so sehr wirksam, daß sie unser Leben umgestalten, daß sie es neu werden und überhaupt erst lebenswert machen kann. Diese Liebe baut neues Leben auf, wirkt also aufbauend, erbauend („erbau-lich").

2. Das Gegenwort *nichts.* Das mittelhochdeutsche Wort *iht* (sprich: icht) „etwas“ hatte eine ganze Wortfamilie um sich: ichten „zu etwas machen“, ichtig „was etwas ist“, Ichtheit „das Etwas-Sein“, ichtwas „irgend etwas“ usw. Tritt davor die Verneinung *ni-,* so entsteht *n-icht* (nicht) mit dem Genetiv *nichts.* Im Englischen noch deutlicher: *no-thing* (kein Ding) „nichts“, also etwas, was nicht dinghaft vorhanden ist.

Ein Blick in die biblische Konkordanz zeigt rasch, wie bedeutsam das Wort „nichts“ in der biblischen Sprache ist. Gott schafft aus dem Nichts (Hebr. 11, 3; vgl. dazu auch 1. Kor. 1, 28). Die Entscheidung unseres Lebens lautet: Jesus Christus oder – nichts, d. h. ohne Ihn ist alles, was wir tun, nichts (Joh. 15, 5); ohne Seine (agapische) Liebe ist all unser Tun in der Kirche nichts (1. Kor. 13, 1–3).

Da sich *icht* auf die gegenständliche Welt bezieht, konnte – so in der Sprache der Mystik – die nichtgegenständliche Welt des Geistes und vor allem Gottes als „nichts“ bezeichnet werden. Dazu zwei Belege:

Angelus Silesius (1624–1677) im „Cherubinischen Wandersmann“: I 111 Die Gottheit ist ein Nichts.

> Die zarte Gottheit ist ein Nichts und Übernichts:
> Wer nichts in allem sieht, Mensch, glaube, dieser sichts.

Und Gerhard Tersteegen (1697–1769) spricht in einem 16-zeiligen Gedicht „Die Schule der Weisheit“: „O schönes Nichts, / Du Fülle allen Lichts.“

An diesem mystischen Sprachgebrauch schließt sich wohl Christian Morgenstern (1871–1914) an, wenn er in seinem Buch „Stufen“ (1896, S. 55) sagt: „Der Krug des Nichts, aus dem alle Künstler schöpfen.“

Doch man wolle auch bedenken: das Wörtlein *nichts* (dazu die bezeichnend deutsche Prägung der Philosophen „das Nichts“) ist im 20. Jahrhundert so vieldeutig geworden, daß man stets genau fragen muß, was einer darunter verstehe. Schließlich ist es das Schlüsselwort des Nihilismus geworden (lat. nihil „nichts“). So hat Ernst Jünger in seinem „Ersten Pariser Tagebuch“ (WW II 324) aufgezeichnet:

„Die Mutter schreibt mir aus Oberstdorf, daß sie das Wörtchen ‚Nichts‘ verstimmt, das immer beziehungsvoller aufzutauchen beginnt. So etwa auf Plakaten: ‚Das Volk ist alles – du bist nichts.' Das wäre also ein Ganzes, das sich aus Nullen zusammensetzt. Freilich den Eindruck hat man oft."

14. MUTTERSPRACHLICHES DENKEN

In formaler Hinsicht folgt alles Denken den Ordnungen der Logik. Inhaltlich aber sind wir durch unsere Muttersprache mitbestimmt: unsere Muttersprache ist unsere „Mutter Sprache" (Leo Weisgerber). Bedenken wir, was es heißt: wir Deutschen sind in Europa das einzige Volk, das nach seiner Sprache benannt wird. Die anderen Völker leiten umgekehrt den Namen ihrer Sprache vom Volksnamen ab. So sollte unser Denken muttersprachlich sein. Beispiele sollen das deutlich machen.
Einige starke Zeitwörter haben die Ablautstufen i – a – u, z. B. denken (die i-Stufe haben wir noch in engl. *think,* das „Deutsche Wörterbuch" der Brüder Grimm setzt II 1546 ein verlorenes gotisches Verbum „thinkan thank thunkun"). Was bedeutet das? Denken meint den sachlichen Vorgang selbst, ohne besondere ethische Bewertung. Mit a steigt es auf zum Danken, mit u sinkt es ab zum Dunken (so noch bis ins 18. Jh., seither dünken). Ähnlich steht es bei Trinken – Trank – Trunk. Trinken ist der sachliche Vorgang, im Trank stehen wir beim Trankopfer auf höherer Stufe, im Trunk sinkt das Trinken ab (Umtrunk, Trunksucht, Trunkenheit).
Das Zeitwort denken bildet auf zwei Stufen Haupt- und Eigenschaftswörter, die verschiedenen Sinnebenen angehören:

andenken	Andenken	–	Andacht	andächtig
bedenken	Bedenken	bedenklich	Bedacht	bedächtig
verdenken	Verdenken	–	Verdacht	verdächtig

Entsprechend fiel mir bei meinem Nachdenken, als ich ein Wort für Denken des Glaubens suchen mußte, diese Reihe ein:

nachdenken Nachdenken nachdenklich – nachdächtig

In „nachdächtig“ klingt vielleicht „andächtig“ und „bedächtig“ mit. Es hat mit diesen beiden Wörtern gemeinsam, was einem Eigenschaftswort der a-Stufe eignet: eine Haltung, die nicht so sehr handelnd eingreift, als vielmehr innerlich verweilt und umkreist (also dem Bereich des Meditativen angehört). Was ist, das ist uns vorgegeben. Dem denken wir nach, dem gegenüber verhalten wir uns also nachdächtig. Damit ist die Haltung der Ehrfurcht bezeichnet, die dem Glauben entspricht. Denken ist hier nicht schöpferisch, sondern — nachdächtig.

Die Vorsilbe *ge-* gibt dem Zeitwort etwas Abschließendes, deutet auf Erfüllung hin: loben und geloben — im Geloben wird das Loben erfüllt (sonst bleibt es bloßes Lippenwerk). Horchen und gehorchen — im Gehorchen wird das Horchen erfüllt (sonst bleibt es ein bloßer sinnlicher Vorgang).

Lieben, loben und lauben stammen von derselben Wurzel ab. Das einfache Wort lauben ist ausgestorben, wir haben aber noch g-lauben (ge-lauben) und er-lauben. Das Wurzelwort meinte in vorchristlicher Zeit sinnliches Begehren (so im Sanskrit, im Griechischen, im Lateinischen). Aber in christlicher Zeit erhoben sich jene drei Wörter in den Bereich personhaften Lebens: bei loben und lauben ist es eindeutig, bei lieben muß etwas ergänzend hinzugefügt werden.

Doch genug der Beispiele. Der Leser findet weitere Anregungen in dieser Richtung im theo-philologischen Wörterbuch des Verfassers „Das Wort in den Wörtern / Die deutsche Sprache im Dienste der Christus-Nachfolge“ (Tübingen 1965) bei den Wörtern:

All	Feier	in	Schicksal
Angst	frei	innerlich	Seele
Arbeit	Friede	Jenseits	selbst
barmherzig	froh	lassen	Tod
Beruf	für	Leben	Trost
danken	Geduld	Leib	Übel
Demut	Geist	leiden	über
dienen	Gemeine	Licht	Ver-
du	Gewissen	Liebe	antwortung

eigen	Glauben	loben	Vertrauen
ein	Gleichnis	mit	Wahrheit
eins	Gott	mitleiden	Weg
einmalig	Grund	Muße	Weisheit
Einsamkeit	Herr	nichts	Wort
Ende	Herz	Offenbarung	Zeit
ewig	ich	Religion	Zukunft

Dritter Teil
PERSONHAFTES DENKEN

15. OBJEKTIV UND SUBJEKTIV

Aus der Schulgrammatik kennen wir die Begriffe Objekt und Subjekt. Daran anknüpfend, stellt sich der Vorgang des Erkennens so dar: ich erkenne etwas, d. h. ein Subjekt richtet sich erkennend auf ein Objekt. Die Erkenntnis erfaßt um so mehr von der Wirklichkeit des Objekts, je weniger das Subjekt an Eigenem hineinmischt. Der Idealfall wäre: das Subjekt verschwindet ganz, und das Objekt kommt allein zur Geltung. Das Ziel solcher Bemühungen heißt *Objektivität.* Wo finden wir solche Objektivität?

Die Objektivität in der Mathematik

Es bleibe dahingestellt, ob der Begriff *Objekt* in der Mathematik überhaupt gebraucht werden darf, denn die Größen der Mathematik sind „ideale" Gegenstände (im Gegensatz zu den „realen" der Erfahrungswissenschaften): die Zahlen in der Arithmetik sowie die Figuren in der Geometrie „gibt es" in der erfahrbaren Welt nicht, d. h. wir können sie mit unseren fünf Sinnen nicht wahrnehmen (ein Kreis, an die Tafel gezeichnet, ist kein Kreis, sondern eine Menge von Kreidekörpern, die einen Kreis symbolisieren). Wohl ist ein menschliches Subjekt nötig, damit die mathematischen Denkoperationen vorgenommen werden können. Doch die Geltung der mathematischen Sätze hängt von keinem Subjekt ab. Zweimal zwei ist vier: das gilt zu allen Zeiten, an allen Orten, für alle Menschen und würde auch gelten, wenn kein Mensch mehr da wäre. Hier wird das Subjekt also ausgeklammert.

Nun sind manche mathematischen Sätze oder Größen zwar mit Personennamen verbunden: der Satz des Pythagoras, die euklidische Ebene, die Eulersche Grade. Damit ist jedoch keine Subjektivität gegeben, denn diese Namen sind geschichtlich-zufälliger Art, sie zeigen nur auf den Entdekker hin. An seiner Stelle hätte auch ein anderer Mensch stehen können. Grundsätzlich müßte jeder denkende Mensch fähig sein, von sich aus zur gleichen Erkenntnis zu gelangen.

Die Objektivität in den Erfahrungswissenschaften

Zu den Erfahrungswissenschaften gehören in erster Hinsicht die Naturwissenschaften. Der forschende Mensch erkennt ihre Objekte in der anorganischen wie organischen Natur, indem er seine fünf Sinne und den Verstand gebraucht. Zu den Sinnen gehört auch ihre Ergänzung und Verstärkung durch Apparate (so wird das Auge ergänzt durch Mikroskop und Teleskop). Hier steht als Ideal vor dem Forscher: der forschende Mensch trete soweit zurück, daß jeder andere an seiner Stelle stehen könnte und dasselbe Ergebnis bekäme. Das forschende Subjekt verschwindet zu einem Nichts, das zu erforschende Objekt ist alles. Da die Naturwissenschaft im 19. Jahrhundert einen unerhörten Siegeszug erlebt hat, wurde ihr Begriff der Objektivität zum Grundbegriff wissenschaftlicher Forschung überhaupt. Das Gegenwort „subjektiv" wurde damit zum Schimpfwort entwertet.

Im Bereich der nicht-personhaften Gegenstände gilt das Leitwort der Objektivität. Wie aber steht es im Bereich menschlicher Gestaltung, wo die Person des schöpferischen Menschen von entscheidender Bedeutung ist?

Die Objektivität in den Geisteswissenschaften

Die Kultur und ihre Werke, also was der Mensch schafft und gestaltet, hat in gewisser Hinsicht eine objekthafte Seite. Diese wird nach den Verfahren der Naturwissenschaft erforscht. Die subjekthafte Seite jedoch – wir vermeiden das Wort „subjektiv" – darf nicht ausgeklammert werden. In ihr offenbart sich die Person des Schöpfers und spricht den Forscher personhaft an. Der Forscher muß sich diesem Anspruch oder Anruf stellen und als er selber antworten. Wo die Geisteswissenschaften (oder Kulturwissenschaften) werten und deuten müssen, da spricht der Forscher bekenntnishaft als er selber. Aber er muß seinen Spruch so begründen, daß der objekthaften Seite seines Gegenstandes kein Unrecht widerfährt. Zugleich hat er deutlich zu zeigen, auf welche Lebensmitte sich sein Werturteil bezieht. Er muß seine Haltung durchdenken und seinem Leser/Hörer offen darlegen.

Wer im Bereich der Geisteswissenschaften diesen Fragen nachgehen will, findet entscheidende Hilfe bei diesen drei Philosophen:

1. Eduard Spranger: „Der Sinn der Voraussetzungslosigkeit in den Geisteswissenschaften“ / Sitzungsberichte der Preußischen Akademie der Wissenschaften, Phil.-hist. Klasse 1929, gr. 8⁰, 31 S. Neudruck durch die Wissenschaftliche Buchgesellschaft, Darmstadt 1963, 31 S.
2. Otto Friedrich Bollnow: „Zur Frage nach der Objektivität der Geisteswissenschaften“, S. 71–107 in seinem Sammelband „Das Verstehen“, Verlag Kirchheim, Mainz 1949.
3. Erich Rothacker: „Die dogmatische Denkform in den Geisteswissenschaften und das Problem des Historismus“ / Abhandlungen der Geistes- und Sozialwissenschaftlichen Klasse der Akademie der Wissenschaften und der Literatur, Mainz, Jahrgang 1954, Nr. 6, gr. 8⁰, 60 S.

Die Erkenntnisse dieser drei Philosophen zeigen, was Spranger so ausgesprochen hat: 1. „Die Geisteswissenschaften sind gebunden an den geistigen Gehalt und die geistige Gestalt der besonderen historischen Zeitlage, aus der sie erwachsen“ (14). 2. „Alles geisteswissenschaftliche Verstehen ist gebunden an die geistige Weite (Kapazität) und Reife (Geisterfülltheit) der Forscherpersönlichkeit“ (16). 3. „Alles Verstehen kommt unbewußt oder bewußt aus einer weltanschaulichen Grundhaltung heraus, und nur vermöge dieser Herkunft kann es Basis werden für letzte Wertsetzungen“ (17).

Das Wort subjektiv als Schimpfwort

Weil seit dem 19. Jahrhundert *subjektiv* ein abwertendes Wort geworden ist, wird es in der Umgangssprache fast wie ein Schimpfwort gebraucht. Es ist zerredet, und wir können es nicht mehr neu zu eigen gewinnen. Deshalb lassen wir es liegen und gebrauchen das Wort subjekthaft oder noch besser *personhaft* (vgl. auch Kap. 18).

„Die Wahrheit ist die Subjektivität"
Diesen Satz hat Sören Kierkegaard im ersten Band seiner „Abschließenden Unwissenschaftlichen Nachschrift" (1846) aufgestellt (Ausgabe Verlag Eugen Diederichs, Düsseldorf/Köln 1957, 16. Abt.: I 179). Damit will er nicht die oben dargelegte Objektivität der Naturwissenschaften angreifen, sondern nur sagen: wo der wirkliche Mensch in seiner Einzigartigkeit – als Er-Selbst in seinem Hier und Jetzt – gefordert wird, da muß er ganz persönlich Farbe bekennen, da muß er eine Existenz-Aussage wagen.

16. VON DER PERSPEKTIVISCHEN STRUKTUR DES ERKENNENS

Wir kennen die Perspektive (Zentralperspektive) aus dem Zeichenunterricht. Zur Wiederholung zeichne man eine Großstadtstraße in Zentralperspektive: die Horizontlinie in Augenhöhe, auf ihr den Fluchtpunkt (das ist der Standort des Betrachters, der Punkt seiner Augen) – dann laufen alle Parallelen auf diesen Punkt zu und treffen in ihm zusammen.
So sehen unsere Augen, so zeichnen wir, wenn wir realistisch-gegenständlich zeichnen (wir sehen hier von den Besonderheiten der perspektivischen Verkürzung sowie der Luft- und Farbenperspektive ab).
Was bedeutet es, wenn in alter Zeit und dann auch wieder im 20. Jahrhundert Gemälde nicht-perspektivisch gemalt worden sind? Es handelt sich um eine Schau im Traum oder in einer Entrückung, also um einen Vorgang im Nichtgegenständlichen (auch wenn auf dem Bilde Gegenstände zu sehen sind).

Perspektivisches Erkennen in den Geisteswissenschaften
Wer verschiedene Kommentare zu Goethes „Faust" liest, bemerkt, wie jeder selbständige Ausleger von seinem

Standort aus manches anders sieht als der andere. So gibt es vorwiegend philologische oder ästhetische Auslegungen, dann wieder solche, die vom humanistischen, vom katholischen oder evangelischen Standpunkt aus geschrieben sind. Jede dieser Auslegungen nimmt den Text der Dichtung ernst, verändert ihn nicht, deutet ihn aber auf eigene Weise. Es gibt also nicht *die* Auslegung der Faust-Dichtung! Keine der vorliegenden kann behaupten, sie und sie allein habe alles gesehen und gesagt, was zu sagen wäre. Doch wird damit nicht die Wahrheit aufgelöst?

Perspektivische Erkenntnis und Wahrheit

Wenn es also mit Notwendigkeit verschiedene Standpunkte und somit auch verschiedene Sichten gibt, löst sich damit die Wahrheit nicht auf? Sind diese verschiedenen Sichten vielleicht mit dem Regenbogen zu vergleichen? Kein menschliches Auge kann das Licht der Sonne selber sehen. Aber das gebrochene Licht ergibt die Farben des Regenbogens; die können wir sehen und sehen sie gern.

So müssen wir sagen: Wie niemand in das Licht blicken kann, so vermag auch niemand den anderen zu erkennen, wie er wirklich ist; so entzieht sich auch, was der andere gestaltet hat, letztlich der eindringenden Erkenntnis. Was wir erkennen können, ist nur das, was sich uns in unserer Sicht, von unserem Standpunkt aus zeigt. Somit wird unsere Aussage zum Bekenntnis unserer Begegnung mit dem andern.

Den anderen so zu sehen, wie er wirklich ist: das vermag nur Gott allein. Im personhaften Bereich gibt es nur perspektivisches Erkennen und entsprechende Bekenntnis-Aussagen (alle Deutungen und Wertungen gehören hierher). Damit werden wir bescheiden, werden zugleich auf unsere eigene Existenz zurückgeworfen und zu letzter persönlicher Wahrhaftigkeit aufgerufen.

Wahrheitserkenntnis durch Offenbarung?

Da wir nicht in den anderen eindringen können, so vermag der andere vielleicht aus sich herauszutreten und zu uns

zu kommen, uns anzureden, d. h. sich uns zu offenbaren? Zum mindesten im religiösen Bereich steht es so. Aber zuvor bedenken wir, wie wir auch in den zwischenmenschlichen Beziehungen von Offenbarung sprechen (vgl. Offenbarungseid!).
Angesichts des theologischen Begriffs der Offenbarung fragt der unterscheidende Geist: Hat sich nur *eine* Offenbarung ereignet? Wie unterscheiden wir echte von unechter Offenbarung, genauer: wie erkennen wir das Zeugnis wahrer Offenbarung und weisen die Rede von unechter Offenbarung ab?
Und auch dort, wo wir uns angesichts der Christus-Offenbarung einig sind: Offenbart sich derselbe Herr nicht zu verschiedenen Zeiten und unter verschiedenen Völkern in verschiedener Weise, d. h. läßt Er nicht verschiedene Seiten seiner einen Offenbarung aufleuchten? Wie aber gewinnen wir in solcher Mannigfaltigkeit die Einigkeit, die alle Christen verbinden soll und auch wirklich verbindet?

17. SELBST-ERKENNTNIS

Aus der Antike ist uns die Inschrift des Apollotempels zu Delphi überliefert: *gnoothi se auton* „erkenne dich selbst". Aber weder dort noch anderswo wird gesagt, wie man das anstellen könne.

Unmittelbare Selbsterkenntnis unmöglich

Nach alter Denkordnung im Subjekt-Objekt-Schema gibt es keine Selbsterkenntnis, denn Ich (als Subjekt) kann immer nur als Objekt etwas erkennen, was Nicht-Ich ist. Sonst wären Subjekt und Objekt identisch. Das Objekt ist aber stets eine andere Größe als das Subjekt. Auch in dem Satz „ich rasiere mich" sind „ich" und „mich" nicht identisch. Der Begriff *Selbsterkenntnis* will doch aber gerade besagen, daß das Subjekt des Erkennens sich selber erkenne, daß also Subjekt und Objekt dieses Vorganges miteinander identisch seien. Wenn es also eine unmittelbare Selbsterkenntnis nicht gibt, so tut sich vielleicht ein anderer Weg auf, damit ich mir nicht fremd bleibe?

Mittelbare Selbsterkenntnis

Denken wir an das Heranwachsen des Kindes! Lange Zeit spielt es mit Gegenständen und behandelt sie, also ob sie lebendig seien (es spricht mit ihnen). Dann versteht es, daß es außer den Dingen auch noch Kameraden gibt, mit denen man spielen und sprechen kann. An ihnen gewinnt es Erkenntnis des fremden Menschen (Mutter und Vater sind ganz anderer Art, auch alle, die zur Familie gehören). Diese Erkenntnis vertieft sich vor allem, wenn es Streit gibt. Natürlich ist dann stets der andere schuld. Erst viel später – als Zeichen der Reife – erkennt der Mensch, daß auch er Schuld trägt, ja, daß sein Anteil meist größer ist als der des anderen.

Im Umgang mit den Altersgenossen lernt der junge Mensch, zwischen Kameradschaft, Freundschaft und Liebe zu unterscheiden.

Kameradschaft – Freundschaft – Liebe

Kameradschaft. Das Wort kommt von lat. *camera* (daher unser deutsches Wort „Kammer") „Raum mit gewölbter Decke", davon ital. *camera* mit *camerata* „Stubengenossenschaft, Genosse, Gefährte". Kameraden sind Menschen gleichen Geschicks. Sie haben einander nicht gewählt, sondern sind zunächst einfach Stubengenossen, Arbeitsgenossen. Sie sind durch etwas Sachliches miteinander verbunden (vgl. die Wörter Schulkameraden, Kriegskameraden). Sie stehen einander bei, eben weil sie Kameraden sind, ohne nach Sympathie zu fragen.

Freundschaft. Hier spielt die Sympathie (Zuneigung) eine entscheidende Rolle. Gotisch *frijon* „lieben" hat das Part. Präs. *frijonds* „Liebender": dies ist die älteste Wortform, die unserem heutigen Wort „Freund" entspricht. Kameradschaft kann sich zu Freundschaft vertiefen, doch wird damit meist die umgreifende Kameradschaft gestört (die kleine Gruppe, die Clique, auch die Freundschaft zu zweit kann die Kameradschaft entwerten).

Liebe. Das Ja zum ganzen Menschen nach Leib, Seele und Geist nennen wir *Liebe.* Sie ist von Verliebtheit zu unterscheiden. Doch solche Unterscheidung ist mitunter nicht leicht. Verliebtheit macht blind, dagegen Liebe sehend. Sie sieht auch die Grenzen und Mängel des geliebten Menschen und läßt doch ein ganzes Ja zu ihm sprechen. Sie läßt vor allem die eigenen Mängel erkennen und an ihrer Überwindung arbeiten.

Wenn der Mensch von der Kameradschaft über die Freundschaft zur Liebe voranschreitet, so bedeutet das für ihn ein Wachsen auch in der Selbsterkenntnis: mein Kamerad, mein Freund ist anders als ich, und ich bin anders als er. Daraus ergibt sich Beglückung, aber auch Leid (beides verstärkt in der Liebe).

Einsamkeit. Auf diesem Wege der Reifung tut sich manchem auch ein Blick in die Einsamkeit des Menschen auf. Weil der Mensch einzigartig ist, kann er die Einsamkeit erleben und erleiden. Diese treibt ihn wiederum zum andern. Aber in keiner der genannten Gestalten der personhaften Gemeinschaft kann er eine letzte Einsamkeit überwinden. Solche Erlösung ist nur auf dem Wege möglich, den der Dichter Eduard Mörike in einem seiner Gedichte so bezeugt hat:

Neue Liebe
Kann auch ein Mensch des anderen auf der Erde
Ganz, wie er möchte, sein?
– In langer Nacht bedacht ich mir's und mußte sagen: Nein!

So kann ich niemands heißen auf der Erde,
Und niemand wäre mein?
– Aus Finsternissen hell in mir aufzückt ein Freudenschein.

Sollt ich mit Gott nicht können sein,
So wie ich möchte, mein und dein?
Was hielte mich, daß ich's nicht heute werde?

Ein süßer Schrecken geht durch mein Gebein!
Mich wundert, daß es mir ein Wunder sollte sein,
Gott selbst zu eigen haben auf der Erde!

Im Bereich solch personhafter Erkenntnisse tut man überhaupt gut daran, die Zeugnisse der lyrischen Dichtung heranzuziehen. Die Art, wie der Dichter spricht, geht uns mehr zu Herzen als die oft so dürre Begriffssprache des Fachphilosophen.

Erkenntnis durch Begegnung

Damit stehen wir vor einem neuen Weg der Erkenntnis: Personen begegnen einander, das Schema Subjekt-Objekt ist überwunden, die Du-Ich-Beziehung wird erfahren. Indem ich Dir begegne (sowie umgekehrt, indem Du mir begegnest), wird in mir neue Erkenntnis wach. Du sagst mir, wie Du mich siehst (und darin erfahre ich Neues über mich).
Da aber kein Mensch ohne Fehler und Irrtum ist, so erfahren wir die allein wahre Offenbarung über uns selbst nur durch Gott. So bekennt Paulus aus eigener Erfahrung, diese Erkenntnis verallgemeinernd:
Jetzt ist mein Erkennen noch fragmentarisch; dann aber (am Jüngsten Tag und danach) „werde ich erkennen, gleichwie ich erkannt bin“ (1. Kor. 13, 12). Gott erkennt mich, und an dieser Erkenntnis werde ich – soweit es heilsam ist – Anteil haben. Dieser Aussage geht die andere voraus, daß wir jetzt nur „durch einen Spiegel“ erkennen. Dieser Spiegel ist Gottes Wort, wie es uns im Neuen Testament begegnet, besonders die Gleichnisse Jesu sowie die Berichte über Sein Wirken.

Vom Spiegeldienst der Gleichnisse

Ein Gleichnis Jesu lesen wir nur dann richtig, wenn wir uns selber darin wiedererkennen. Wer bin ich im Gleichnis vom „Verlorenen Sohn“? Der verlorene Sohn, der umgekehrt ist, oder der hochmütige ältere Bruder, der sich gegen seinen jüngeren Bruder lieblos verhält? Wer bin ich im Gleichnis vom Barmherzigen Samariter? Einer der Räuber, d. h. ein Mensch, der nur nimmt und nicht gibt? Oder der Priester, der – als Funktionär – vorübergeht? Oder der unter die Räuber Gefallene, das Urbild des erlösungsbedürftigen Menschen? Oder lebe ich bereits wie der Ausländer aus Samaria, der als Retter hilft? Die Antwort auf diese Fragen gibt mir nicht mein korrektes theologisches Denken, die muß aus der Tiefe meiner Seele aufsteigen, aus meinem

Sein – im Angesicht Gottes. Diese Aufgabe kann mir kein anderer abnehmen! In dieser letzten Du-Ich-Beziehung wird die letzte auf Erden mögliche Selbsterkenntnis gewonnen.

18. PERSONHAFTE BEGEGNUNG

Das Wort Person

Man leitet es allgemein von *persona* ab und dieses Wort wiederum von dem lat. Verbum *per-sonare* „hindurch-tönen“. Gemeint ist das Sprechen des antiken Schauspielers, der eine Maske trug und durch deren Mundstück hindurchzusprechen hatte. Diese Maske hieß *persona.*

Die Psychotherapie unserer Zeit hat dieses Bild der antiken Maske wieder aufgenommen, sieht in ihr vor allem das Starre und versteht unter der *persona* eines Menschen, was Jolan Jacobi in ihrer Einführung in das Gesamtwerk C. G. Jungs („Die Psychologie von C. G. Jung“, Zürich 1949) so ausdrückt (S. 46):

Jung nennt die allgemeine psychische Verhaltensweise des Menschen seiner Umwelt gegenüber die Persona. Es handelt sich um einen „Funktionskomplex, der aus Gründen der Anpassung oder der notwendigen Bequemlichkeit zustandegekommen, aber mit der Individualität nicht identisch ist. Er bezieht sich ausschließlich auf das Verhältnis zu den Objekten, zum Außen.“ Oder noch deutlicher: „Die Persona ist ein Kompromiß zwischen Individuum und Sozietät über das, als was einer erscheint.“

Wir aber meinen, wenn wir hier von *Person* sprechen, zunächst das, was sonst in einem allgemeinen Sinn Individualität heißt. Doch dann greift unser Person-Begriff tiefer, denn von Person sprechen wir nur in der Du-Ich-Beziehung.

Die Person in der Du-Ich-Beziehung

Von Natur (Geburt) aus ist der Mensch noch nicht Person. Er wird Person erst durch einen Anruf. Dieser Anruf nimmt ihn in die Du-Ich-Beziehung hinein. Der Anruf kommt ihm entweder nur auf menschliche Weise zu, dann wird der An-

gerufene zu einer Person im humanen (humanistischen) Sinn des Wortes. Doch ob er das aus sich heraus bleiben kann, ist die Frage, denn solcher Anruf bindet nicht für immer. Oder aber der Anruf kommt – wenn auch meist durch Menschen vermittelt – aus Gott, dann muß er auf dieses ihn anrufende Wort das Gegen-Wort sprechen, die Ant-wort; dadurch wird er ver-antwort-lich. Dies ist die philosophische Struktur, die den ersten beiden Anrufen im ersten Buch der Bibel zugrunde liegt. Der Mensch wird zur Verantwortung für seine gebrochene Beziehung zu Gott gerufen: „Adam, wo bist du?“ (vgl. 1. Mose 3, 9). Danach wird der Mensch zur Verantwortung für seinen Bruder gerufen: „Kain, wo ist dein Bruder Abel?“ (vgl. 1. Mose 4, 9).
Hier möchte ich aus meiner Erfahrung im Religionsunterricht in der Oberstufe des Gymnasiums etwas berichten.
Die Klasse hatte zusammengetragen, der Mensch sei das Produkt aus Erbmasse und Umwelteinflüssen (in der Schemazeichnung durch zwei sich schneidende Geraden vorgestellt). Als ich angesicht dieser Lage fragte, ob das alles sei, antwortete einer der Schüler:
„Person wird der Mensch nur durch einen Anruf.“ Er kam vor und ergänzte die Zeichnung durch eine punktierte Gerade von oben, die den Anruf darstellen sollte:

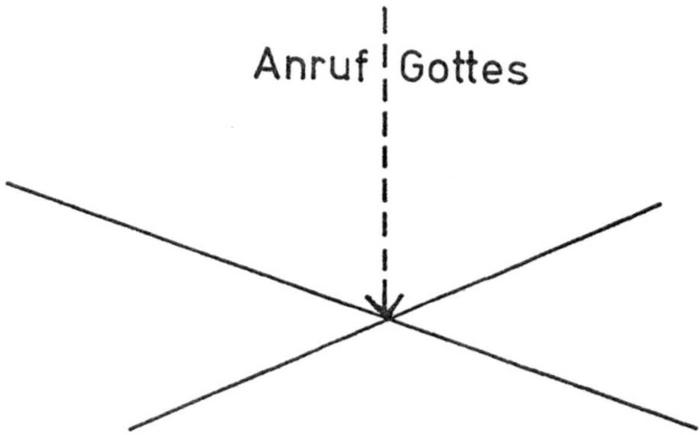

Der Junge ging gleich bis zum Letzten vor und bezeugte diesen Anruf als göttlicher Herkunft. Auf meine Frage, woher er das wisse, erwiderte er, daß er das selber so erfahren habe. Die Klasse nahm dieses kurze Zeugnis schweigend auf, denn sie spürte, hier sprach einer aus der Mitte seiner Existenz. Solche Augenblicke gehören zu den Höhepunkten des Unterrichts, auch in den Stunden des gemeinsamen Philosophierens.

Die Du-Ich-Beziehung

Wir unterscheiden das Ich-Es-Verhältnis und die Du-Ich-Beziehung. Das Wort *Verhältnis* bezieht sich stets auf Dinghaftes. Es ist kein Zufall, daß man dort, wo eine Frau zu einem (bezahlten) Gegenstand der Lust gemacht wird, von einem „Verhältnis" spricht. Die Wortstellung Ich-Du ist falsch: die Beziehung beginnt stets damit, daß ich von Dir angerufen werde. Ich werde Ich erst durch Dich. Das gilt zwischen Mensch und Mensch wie zwischen Mensch und Gott. Für gewöhnlich wird Martin Buber als der Entdecker der Du-Ich-Beziehung genannt. Das ist aber nicht ganz richtig! Er hat zwar die Wörter gebraucht, doch in seiner Schrift „Ich und Du" hat er mit der Du-Beziehung nicht eine personhafte Beziehung gemeint, er hat damit nur die Unmittelbarkeit benannt. Zunächst sagt er durchaus zu Recht: „Jedem Du in der Welt ist seinem Wesen nach verhängt, Ding zu werden oder doch immer wieder in die Dinghaftigkeit einzugehen" (21). Vielleicht sollten wir sagen: . . . ihm ist verhängt oder er muß erleiden, wie ein Es, wie ein Ding behandelt zu werden (nicht erst als Nummer im KZ, sondern bereits dort, wo man von „Menschen-Material" spricht, überhaupt wo man „über" einen Menschen spricht und damit das 8. Gebot übertritt). Dann fährt Buber aber fort, und hier liegt sein Irrtum: „Jedes Ding in der Welt kann . . . einem Ich als Du erscheinen." Doch vielleicht müssen wir den Nachdruck auf „erscheinen" legen? Doch selbst dann ist Widerspruch anzumelden. *Du* — das meint stets eine Person, mit der ich in ein Zwiegespräch eintreten kann. Etwas Dinghaftes kann ich zwar als unmittelbar erleben, niemals aber wird es mir zum Partner eines Zwiegesprächs!

19. VOM DENKEN DES HERZENS

Zwei Arten zu denken

Wir unterscheiden – grob gesprochen – zwei Arten zu denken. Thomas von Aquin (1225–1274) hat sie mit den beiden Begriffen *ratio* (Verstand) und *intellectus* (Vernunft) bezeichnet: *ratio* meint das Denken, das vom einen zum andern voranschreitet (das diskursive Denken), das deswegen auf Unterscheidung eingestellt ist (zugleich auch kritisches Denken ist); *intellectus* dagegen erkennt durch Intuition (damit ist aber etwas anderes gemeint, als was wir heute „Intellekt" nennen, denn das ist dasselbe wie *ratio).* Wir können auch sagen: *Verstand* meint die Fähigkeit des Unterscheidens und damit des Erkennens von Einzelnem, *Vernunft* dagegen die Fähigkeit der Zusammenschau. In ähnlicher Weise hat auch Kant unterschieden: Der Verstand ist das Vermögen der Begriffe, die Vernunft das Vermögen der Ideen („Idee" meint ursprünglich – vgl. Plato – etwas im Geist Geschautes). Wir können noch einmal anders formulieren und unterscheiden das Denken mit dem „Kopf" (oder „Hirn") und das Denken mit dem „Herzen". „Kopf" und „Herz" meinen dabei nichts Körperliches, sie bezeichnen vielmehr „Organe" oder „Orte" des natürlichen Erkennens und Denkens.

Jedes der beiden ist an seiner Stelle notwendig; keines darf meinen, es stehe über dem andern, oder das andere sei gar überflüssig. *Das Denken des Kopfes* ist für das Erkennen der idealen sowie der realen Gegenstände nötig („ideal": Mathematik; „real": Erfahrungswissenschaften). *Das Denken des Herzens* dagegen wirkt im personhaften Bereich. Damit ist deutlich: das Wort „Herz" greift tiefer als „Vernunft" (zu untersuchen bliebe, worin beide im Hinblick auf den Verstand übereinstimmen; wo sie sich berühren; dann aber, wo das Herz tiefer greift als die Vernunft).

Das Herz

Wir setzen das Wort „Herz" als Träger personhafter Erkenntnis sowie personhaften Denkens. Der Weg solcher Erkenntnis heißt Intuition (innere Schau). Das Wort *Herz* ist geläufiger als der Begriff „Person-Mitte", ist zudem auch anschaulicher. Die biblischen Schriftsteller haben es durchweg gebraucht, also behalten wir es bei oder gewinnen es uns aufs neue zu eigen.

Doch zuvor sollte man erfragen, welche Vorstellungen sich einstellen, wenn man das Wort „Herz" hört. Man nehme sich Zeit genug, und wenn es eine ganze Stunde wäre. Je gründlicher und umfassender hier der Bestand aufgenommen wird, desto klarer kann dann erfaßt werden, was „Denken des Herzens" meint.

Natürlich wird erst an den lächelnden Gesichtern abzulesen sein, daß „Herz" dem Bereich des Erotischen angehört. Des Erotischen, nicht des Sexuellen! Also dem Bereich des Gefühls, des Gemüts, der Zuneigung, der Liebe.

Hier droht aber die Gefahr, Liebe mit Verliebtheit zu verwechseln. Liebe ist echtes personhaftes Erleben, Verliebtheit dagegen ist eine bloße Stimmung, vielmals sogar bloß ein Wahn. Allerdings ist beides mitunter auch vermischt.

Pascal über das Herz

Unter den Denkern der Neuzeit hat das „Denken des Herzens" als erster der französische Mathematiker und Philosoph (Vorläufer der Existenzphilosophie) Blaise Pascal (1623–1662) bezeugt. In seinen „Pensées" steht unter Nr. 277 zu lesen: *Le coeur a ses raisons* (oder *sa raison,* die Handschrift ist kaum zu lesen) *que la raison ne connait pas* „das Herz hat seine Gründe (oder: seinen Grund), welche die Vernunft nicht kennt (oder: nicht versteht; auch: welche der Verstand nicht begreift)". Damit will Pascal sagen: es gibt ein irrationales Erkennen und Denken, zu dem hat das rationale keinen Zugang.

Pascal bemüht sich um diese Einsicht im Blick auf das Erkennen Gottes. Deshalb lautet sein nächster Satz: *C'est le coeur qui sent Dieu et non la raison* „Gott fühlen (empfinden, wahrnehmen) kann nur das Herz, nicht aber die Vernunft (oder: der Verstand)".

Gerhard Tersteegen über das Herz

Auf diesem Weg des Denkens finden wir im 18. Jahrhundert den evangelischen Mystiker und Liederdichter Gerhard Tersteegen (1697–1769). Wir dürfen auch von solch einem Autor Texte heranziehen, denn philosophische Erkenntnis findet sich überall, wo ein Mensch in geistiger Klarheit ehrlich dem Letzten begegnet. Wir geben hier zwei Zitate aus seinem „Geistlichen Blumengärtlein . . .“, Sinnspruch Nr. 297: „Im Herzen, nicht im Kopf macht Gott sich offenbar.“ Dazu der Vierzeiler (Nr. 41):

> Aus dem Kopf ins Herz
> Gott ist ein Herzens-Gott; drum, wenn du ihn willst finden,
> So blende die Vernunft, sie wird ihn nie ergründen!
> Senk dich aus deinem Kopf in's Herzens Grund hinein,
> Sanft, liebreich, wie ein Kind, so wird er dir gemein!

Und aus dem 20. Jahrhundert stimmt der Mystiker *Edgar Dacqué* ein (vgl. sein „Bildnis Gottes“, 1932, S. 95):

> Herzstück
> Der Kuppel höchstes Rund ein einzger Stein muß tragen;
> Der Weisheit letzter Schluß ist, nur das Herz zu fragen.

Wie geschieht das Denken des Herzens?

Doch bevor man zur Frage nach Gott vordringen kann, sollte man im Bereich der menschlichen Erkenntnis des *Personhaften* verweilen, vor allem in unserer Zeit, die für das wahrhaft Menschliche immer weniger Zeit hat oder zu haben meint. So sei hier auf drei Möglichkeiten hingewiesen, das Denken des Herzens zu erahnen oder gar zu erkennen. Zum ersten sei auf die *Vertrauensurteile* hingewiesen, von denen anderswo gesprochen wird.

Zum zweiten wird man auf diesem Wege durch *die innere Schau* (Meditation) geleitet, die auch ein Kirchenhistoriker wie *Walter Nigg* übt. Auf diesem Wege erschlossen sich ihm die Heiligen in neuer Sicht, so daß selbst römisch-katholische Theologen gestehen müssen, sie sähen nun erst in geistlicher Weise, wer die Heiligen wirklich sind. In seinem Werk „Große Heilige“ (Zürich 1946) bemerkt er in der Einleitung: Wer über die Heiligen schreiben wolle, der müsse „zu diesem Zweck die Heiligen lange Zeit anschauen, ihr ungewöhnliches Tun immer wieder genau betrachten und mit großer Geduld warten können, bis sie ihn der Anrede würdigen" (25). Zum dritten beobachten wir diese innerliche Erkenntnis bei *Jesus.* Bevor er aus seiner großen Jüngerschar die Zwölf auserwählte, begab er sich in die Einsamkeit und verbrachte eine ganze Nacht im Gebet. Er hielt Zwiesprache mit Gott, ließ – so dürfen wir diesen Vorgang vielleicht verstehen? – in dieser Unterredung einzelne Gestalten innerlich vorüberziehen und bat um Erleuchtung, wen er erwählen solle.

Gewißheit auf dem Wege dieser Erkenntnis?
Damit ist nur angedeutet, wie wirksam dieser Weg der Erkenntnis und des Denkens mit dem Herzen sein kann. Doch – finden wir auf ihm auch Gewißheit? Gibt es hier auch Beweise? Die hier gewonnene Erkenntnis trägt ihre Gewißheit in sich selbst und wird nach dem Satz beurteilt: „An ihren Früchten sollt ihr sie erkennen!" Psychologisch gesehen gleicht diese Gewißheit der geistlichen Heilsgewißheit. Deswegen haben wir auch als Urteilshilfe das bekannte Jesus-Wort angeführt, das auf die Früchte hinweist, die auf solchem Wege gewonnen werden. Damit trägt dieser Weg des Erkennens und Denkens das Zeichen des Wagnisses – wie das ganze Leben selbst.

20. VERTRAUEN

Vertrauen als Urphänomen
Wie in der Tiefe der menschlichen Seele eine Urangst existiert, so lebt in ihr auch ein *Urvertrauen.*
Woher wissen wir das? Jedes Kind – soweit es nicht seelisch geschädigt ist – kommt einem anderen Menschen mit Vertrauen entgegen (vgl. dazu die Erfahrungen der Kinderpsychologie und -psychiatrie).
Dieses Urvertrauen allein befähigt den Menschen auch dazu, seiner Vernunft sowie seinen Sinnen zu trauen. Ich muß mir doch die Vernünftigkeit meiner Vernunft „glauben"! Ist es nicht merkwürdig, daß der Rationalist meint, er sei –

im Gegensatz zum (gläubigen) Christen – an keinen Glauben gebunden?

Was geschieht, wenn ein Mensch einem anderen vertraut?
Schenkt ein Mensch einem anderen Vertrauen, so liefert er sich ihm aus. Das wird lebensgefährlich, wenn es sich um eine Verschwörung handelt und einer der Mitverschworenen ist ein Spitzel. Wer einem anderen vertraut und nicht betrogen wird, der erfährt das Glück der Geborgenheit.

Wie entsteht Vertrauen?
Vertrauen kann nicht gemacht werden! Das ist in einer Zeit, da man (fast) alles für machbar hält, deutlich herauszustellen. Diese Einsicht ist durch eingehende Erörterung zu befestigen. Vertrauen läßt sich auch nicht vorhersagen, noch läßt es sich beweisen. Wer aber Vertrauen erlebt, ist hoch beglückt, denn seine Seele hat Heimat gefunden. Somit läßt sich über das Entstehen des Vertrauens nichts weiter sagen als: es ist ein Urphänomen, seine Herkunft sowie sein Entstehen bleiben Geheimnis.

Wie wirkt Vertrauen?
Vertrauen gehört dem personhaften Bereich der Wirklichkeit an. Die Wissenschaft bisheriger Prägung hat es mit idealen sowie realen Gegenständen zu tun: ideale Gegenstände hat die Mathematik, reale Gegenstände haben die Erfahrungswissenschaften. Dort verfährt man deduktiv, hier induktiv. Doch Vertrauen ist weder zu deduzieren (also nicht aus einem vorgegebenen Grund-Satz abzuleiten), noch kann es induktiv (durch Beobachtung) gewonnen werden. Vertrauen gehört vielmehr einem dritten Bereich an, den wir den personhaften nennen.
Was immer auf den Wegen der Erfahrungswissenschaften (etwa der Psychologie und Tiefenpsychologie) über „den" Menschen gefunden oder behauptet worden ist, mag an seinem Ort (der abstrakten Rede) richtig sein. Aber von solch einer allgemeinen Aussage über „den" Menschen zur Begegnung mit einem bestimmten (einzigartigen) Men-

schen führt keine Brücke, sondern nur ein Sprung (so sieht es jedenfalls von der bisherigen Wissenschaft her aus), eben der Sprung des Vertrauens. Nur wer seinem Gegenüber geöffnet ist und so auf ihn hört, d. h. wer dem andern erlaubt, durch seine Worte in ihn, den Hörenden, einzutreten, der wird Erkenntnis gewinnen. Doch das ist Erkenntnis des Herzens, gewonnen durch Liebe – in Vertrauen! Diese Erkenntnis wird aber niemals um ihrer selbst willen gewonnen.

Mißtrauen

Schon die Wortbildung mit der Vorsilbe *Miß-* zeigt, daß Mißtrauen dem wahren Vertrauen nur folgen kann. Niemals steht Mißtrauen am Anfang, es setzt vielmehr Vertrauen voraus.

Die Vorsilbe *Miß-* bedeutet, daß etwas (eben das, was das Grundwort bezeichnet) zerstört oder mißraten ist (vgl. Mißbrauch, Mißernte, Mißgestalt, Mißstimmung, Mißwirtschaft). Das Mißtrauen verhält sich zum Vertrauen wie die Eifersucht zur Liebe. Eifersucht ist kein Zeichen großer Liebe, sondern verrät vielmehr Mangel an Liebe (denn Liebe und Vertrauen gehen Hand in Hand). Eifersucht ist Ausdruck des Mißtrauens.

Wie wird ein Mensch ein Opfer des Mißtrauens, wie wird er ein mißtrauischer Mensch? Durch enttäuschende Erfahrungen, durch enttäuschtes Vertrauen. Vielleicht hat er auch Vertrauen mit Vertraulichkeit verwechselt (diese beiden Größen sind zu unterscheiden, ähnlich wie Glaube und Leichtgläubigkeit). Mißtrauen zerstört die Gemeinschaft und macht die Seele krank.

Vertrauen im religiösen Bereich

Wo in der deutschen Übersetzung des Neuen Testaments „Glauben“ steht, da heißt es im griechischen Urtext treffender „Vertrauen“ *(pistis)*.

Am Vertrauen zwischen Mensch und Mensch können wir erahnen, welcher Art das Vertrauen zwischen Mensch und Gott ist (denn auch dieses gehört zum Bereich der personhaften Wirklichkeit). Da wir (außer dem Urvertrauen allgemeiner Art) zum unsichtbaren Gott kein Vertrauen haben können, denn wir kennen ihn ja nicht, ist Jesus gekommen und hat den verborgenen Gott offenbart, so daß wir durch Jesus Vertrauen haben können, wie Jesus selbst Vertrauen gehabt hat zum „Vater im Himmel", d. h. zu Gott als dem uns Liebenden.

Vertrauensurteile

Alle Aussagen, die wir aus Vertrauen gewinnen, sind (logisch gesehen) Urteile, aber Urteile eigener Art. Sie treten neben die deduktiven sowie induktiven Urteile als Vertrauens-Urteile.

Karl Heim hat in seinem Buch „Glaubensgewißheit / Eine Untersuchung über die Lebensfrage der Religion" in der zweiten Auflage (Leipzig 1920) im 2. Kapitel über die „Eigenart der Vertrauensurteile" (S. 15–26) gehandelt. Eine künftige Logik und Methodenlehre evangelischen Erkennens im personhaften Bereich wird dieses Kapitel ernsthaft in Betracht ziehen müssen!

Die Vertrauensurteile sind gewiß. Sie tragen ihre besondere Art der Gewißheit in sich; doch sie leuchten nur dem ein, der den entsprechenden Akt des Vertrauens vollzieht. Sind sie vollzogen, so gelten sie nicht aus sich selber, sondern nur durch den immer neuen Vollzug. Verlangt man für sie Geltung an sich, so ist man starrem Dogmatismus verfallen. Vollzieht man sie in immer neuen Akten des Vertrauens (und d. h. der vertrauensvollen Hingabe), so leben sie. So üben sie keinen autoritären Zwang aus, sondern erweisen sich als ursprunghafte Bekenntnisse personhaften Lebens.

21. VOM STAUNEN

Das Wort staunen

Das so hochdeutsch klingende Wort staunen ist erst im 18. Jahrhundert aus dem Alemannischen ins Hochdeutsche aufgenommen worden. Der Schweizer Schriftsteller Haller bemerkte 1730: „Dieses alte schweizerische Wort behalte ich mit Fleiß. Es ist die Wurzel zu erstaunen und bedeutet *re-*

ver, ein Wort, das mit keinem andern gegeben werden kann" (Beleg vgl. Kluges „Etymologisches Wörterbuch der deutschen Sprache", 15. Auflage 1951, S. 758). Nebenfrage: Hatte man zuvor, als es das Wort staunen noch nicht gab, schon mit Bewußtsein gestaunt? Wenn ja, wie kann man sich dessen bewußt werden, ohne es benennen zu können?

Der Unterschied zwischen staunen und stutzen
Das Verbum *stutzen* meint „plötzlich stille stehen (als ob man sich an etwas gestoßen hätte)". Wenn wir stutzen, so meinen wir, daß wir vor etwas Rätselhaftem stehen. Wir finden nicht eher Ruhe, als bis wir das Rätsel gelöst haben. Stutzen führt also zum Fragen, dieses zum Forschen, dieses zu rationalem Erklären.
Staunen dagegen ergreift uns angesichts eines Geheimnisses. Das Geheimnis unterscheidet sich vom Rätsel, denn das Geheimnis (Mysterium) wird nicht erforscht und erklärt, sondern vor ihm betet man an (nicht das Geheimnis wird angebetet, sondern sein Schöpfer).

In der Geschichte der abendländischen Philosophie
ist vom Staunen zum ersten Mal die Rede in Platons Dialog „Theaitetos": Der junge Mathematikstudent Theaitetos wird von Sokrates auf die Relativität der Maße hingewiesen: jetzt sei er, Sokrates, zwar noch größer als der Student, aber bald werde der Junge größer sein als er, ohne daß Sokrates körperlich kleiner geworden sei. Der Student antwortet: „Bei den Göttern, Sokrates, ich staune über die Maßen, wie es sich hiermit verhalten mag . . ." Darauf erwidert Sokrates: „Mein Freund, . . . gerade zum Philosophieren gehört dieser Affekt, das Staunen." Frage zur Selbstbesinnung: warum weisen wir im Unterricht der Philosophie nicht darauf hin und leiten die Schüler zum Staunen an? Wie werden wir selber Staunende?

Stufen des Staunens
Da haben wir zuerst den Menschen, der überhaupt nicht staunen kann oder will. Sein Leitsatz ist: Nur nicht sich verblüffen lassen!

Dann haben wir die große Menge derer, die gern aus ihrem grauen Alltag fliehen und zur Erholung nach Sensationen suchen, nach Erlebnissen, bei denen sie staunen können. Aber das ist ein äußerliches *Staunen über etwas.*
Wer diesen Weg bis zu Ende geschritten ist, der ist vorbereitet, an die Grenze dessen zu treten, was die Welt ihm bieten kann. Er wird müde und kehrt um, oder aber er erlebt das *ursprunghafte Staunen,* wo er dem Schöpfer begegnet und erfährt, wie er selbst aus Seiner Gnade lebt. Dieses ursprunghafte Staunen hat kein Objekt mehr. Es ist der Widerhall der Begegnung mit Gott.
Wer das erfahren hat, muß nicht mehr große Dinge suchen, über die er staunen kann, er ist zum Staunen vor dem Unscheinbaren fähig. Dieses *Staunen-vor* ist ein Zeichen der Weisheit. Wir finden es z. B. in dem Lied des Matthias Claudius „Täglich zu singen". Da bezeugt der Dichter in dankbarer Freude, daß er ein Mensch sei: „Daß ich bin, bin! Und daß ich dich, schön menschlich Antlitz habe . . ." Dieses Staunen-vor hat zwei Begleiter: die Freude und die Dankbarkeit (das wäre im einzelnen zu entfalten).

Zwei Leit-Worte über das Staunen:
Goethe in seinen Gesprächen mit Eckermann: „Das Höchste, wozu ein Mensch gelangen kann, ist das Staunen" (am 18. Februar 1829). Dazu ein apokryphes Jesus-Wort: „Wer da sucht, der hört nicht auf zu suchen, bis er findet, und wenn er gefunden hat, wird er staunen . . ." (zit. bei Oxyrynchus und Clem. Alexandrinus, Strom. 5, 14 = Nr. 46 in „Außerbiblische Worte Jesu", von E. L. Dietrich, H. Glock-Verlag, Wiesbaden 1950, S. 35).

Vierter Teil

AUSGEWÄHLTE KAPITEL AUS DER GESCHICHTE DER PHILOSOPHIE

Statt „Geschichte der Philosophie" könnten wir auch sagen: Geschichte des menschlichen Geistes. Wir stellen Lessing und Schiller vor, Denker des 18. Jahrhunderts; darauf Karl Heim und Karl Jaspers, Denker des 20. Jahrhunderts. Schließlich geht der Blick nach Osten, zu Lao-Dsü im alten China und zu Ramana Maharshi im Indien unseres Jahrhunderts. Damit soll angedeutet werden: Wir leben nicht mehr in abgeschlossenen Kulturräumen, sondern begegnen einander über Zeiten und Räume hinweg. Was immer ehrliche Menschen gefragt und gedacht haben, das spricht auch zu Menschen anderer Kultur, anderer Zeit. Und – ihnen allen gilt gleichermaßen die Botschaft von der Erlösung durch Christus allein!

22. LESSING UND DIE WAHRHEITSFRAGE

Lessing war mit dem Hauptpastor Goeze in Hamburg in einen theologischen Streit geraten und hatte auf Goezes Kritik mit seiner „Duplik" von 1778 geantwortet.

In dieser Schrift steht der folgende Text, der vom Ganzen losgelöst werden kann und auch aus sich selber in der Folgezeit gewirkt hat:

„Nicht die Wahrheit, in deren Besitz irgendein Mensch ist oder zu sein vermeinet, sondern die aufrichtige Mühe, die er angewandt hat, hinter die Wahrheit zu kommen, macht den Wert des Menschen. Denn nicht durch den Besitz, sondern durch die Nachforschung der Wahrheit erweitern sich seine Kräfte, worin allein seine immer wachsende Vollkommenheit besteht. Der Besitz macht ruhig, träge, stolz –.

Wenn Gott in seiner Rechten alle Wahrheit und in seiner Linken den einzigen immer regen Trieb nach Wahrheit, obschon mit dem Zusatze, mich immer und ewig zu irren, verschlossen hielte und spräche zu mir: Wähle! Ich fiele ihm mit Demut in seine Linke und sagte: Vater, gib! die reine Wahrheit ist ja nur für dich allein!"

Die beiden Haltungen des ersten Abschnitts

Lessing unterscheidet zwei Haltungen (zwei Menschenarten?): die des Besitzenden und die des Nachforschenden. „Der Besitz macht ruhig, träge, stolz." Das ist die Orthodoxie jeglicher Art (religiös, philosophisch, politisch). Dagegen erweitert das Nachforschen die Fähigkeit des Menschen, bildet seine Kräfte aus und führt ihn auf dem Weg zur Vollkommenheit voran.
Kritische Frage: Kann man auch etwas erforschen, was jenseits aller Erfahrungsmöglichkeit liegt? Man kann doch nach Wahrheit nur forschen, wenn man irgendwie von ihr bereits angerührt worden ist. Hat die erste Haltung vielleicht auch ein Moment an Wahrheit in sich? Verkörpert sie nicht das Bewußtsein der Tradition, die doch auch gehört werden muß?

Der zweite Abschnitt

Welche Unterscheidung trifft Lessing hier? Antwort: die zwischen der Wahrheit selbst („die reine Wahrheit") und dem Trieb nach ihr. Lessing fügt – gleichsam übersteigernd – noch hinzu: „. . . obschon mit dem Zusatze, mich immer und ewig zu irren." Was heißt das?
Dazu ein erfundenes Beispiel aus der Hungerzeit 1945: Es würden Brotmarken ausgegeben, aber mit dem Zusatz: „Wo immer ihr auch hingehen möget, Brot werdet ihr nicht erhalten." Würde angesichts dieser Zusicherung jemand die Kraft haben, noch nach Brot zu suchen? Wäre solches Suchen dann nicht ein Suchen um des Suchens willen?
Ein weiteres Beispiel aus den 1920er Jahren, der letzten Zeit der Jugendbewegung: In meiner Vaterstadt Breslau gab es eine Gruppe, die nannte sich „Gottsucher". Man hatte aber den Eindruck, unter ihrem Namen stünde in Klammern unsichtbar geschrieben: Wir suchen zwar Gott, aber wehe, wenn er sich finden läßt. Das „Suchen" war ihnen sozusagen zum Selbstzweck geworden, eine Art Selbstgenuß.
Angesichts dieser zwei Beispiele, wie ist da Lessings Satz zu verstehen? Spricht er nicht etwas Ähnliches aus?

Und Jesus?

Lessing sagt, die „reine Wahrheit“ sei nur für Gott allein. Das erscheint zunächst richtig. Doch welche Größe (Gestalt) fehlt in Lessings Text? Welche Größe, die dort zu nennen ist, wo es um Gott und die Wahrheit geht? Ist es nicht Jesus? Jesus ist gekommen, um für die Wahrheit zu zeugen (Joh. 18, 37), ja, Er ist selbst die Wahrheit (Joh. 14, 6).

Die beiden eben genannten Johannes-Stellen hat Lessing doch auch gekannt. Was bedeutet es, daß er sie verschweigt? Doch wohl nichts Geringeres, als daß er dadurch sagen will: „Das Geschäft des Nachforschens besorgen wir alleine, ohne Jesus, der hat hier nichts zu sagen!“ Damit wurde die Weiche für eine verhängnisvolle Entwicklung der deutschen Geistesgeschichte gestellt: der menschliche Geist wurde auf sich selbst verwiesen und ging seinen Weg ohne Christus. Die Folgen haben wir 1933–1945 (aber auch vorher und nachher) zu spüren bekommen.

Lessing tarnt seine schneidenden Aussagen mit dem Wort „Demut“. Doch das ist nicht wahre Demut! Diese offenbart sich vielmehr erst in Jesus und ist nicht unabhängig von ihm möglich.

Lessings möglicher Einspruch

Nun könnte Lessing uns widersprechen und sich auf die Struktur seines Satzes berufen: „Wenn . . .“ Er könnte uns fragen, ob er das wirklich gesagt habe, da er doch seine (irreale) Aussage mit „Wenn“ eingeleitet hat. Lessing müßte nicht Lessing sein, wenn er nicht so sprechen wollte. Und dann müßten wir ihm Recht geben.

Doch nun hat sein Wort gewirkt, als ob es nicht mit einem Wenn eingeleitet wäre! Deshalb dürfen wir es auch als Zeugnis und Bekenntnis-Aussage nehmen.

Wider die Lessing-„Pfaffen“

Die Anhänger der „Geheimreligion der deutschen Gebildeten“ (so wurde der Idealismus in den Auseinandersetzungen der 1920er Jahre genannt) haben immer wieder den Christus-Zeugen dieses Lessing-Wort entgegengehalten.

Sie haben sich über Lessings „Sieg“ über Goeze gefreut und auf ihm ausgeruht. Sie haben Lessings Aussagen nur übernommen und ihnen zugestimmt, ohne selber nachzuforschen. Dadurch sind sie zu einer Lessing-„Orthodoxie“ geworden, sind selber als die Besitzenden „ruhig, träge, stolz“ geworden. Könnte Lessing heute unter uns auftreten, er würde sich zunächst einmal gegen solche Lessing-„Pfaffen“ wenden!

Die dritte Möglichkeit: wirkliche Christus-Nachfolge
Lessing fordert (und dies mit Recht), daß der Mensch in Bewegung komme. Nun geschieht aber dieses: Wer (durch solches Suchen, wie Lessing es fordert) Christus gefunden hat (richtiger: wer sich von Ihm hat finden lassen), der wird nimmer „ruhig, träge, stolz“, sondern den nimmt der Geist Christi (der Heilige Geist) in Dienst. Mit den Menschen der ersten Stufe bejaht er die Zeugnisse des Neuen Testaments. Aber mit den Menschen der zweiten Stufe (den Forschenden, Suchenden) hat er formal die Bewegung gemeinsam. Nun ist es aber die Bewegung eines Menschen, der von „oben“ her bewegt wird – durch die Leitung des Heiligen Geistes.

23. LESSINGS „RINGPARABEL“ ZUR FRAGE DER TOLERANZ

Lessing hatte in seinem theologisch-literarischen Streit mit dem Hamburger Hauptpastor Goeze Schreibverbot erhalten. Da ging er auf die Bühne: er schrieb sein „dramatisches Gedicht“ in fünf Aufzügen „Nathan der Weise“.
Im 3. Aufzug, 7. Auftritt stellt der muslemische Sultan Saladin dem jüdischen Kaufmann die Aufgabe, er solle sagen, welche der drei Religionen seines Landes (Judentum, Christentum, Islam) die Wahrheit habe. Nathan entzieht sich der Entscheidung, indem er die „Ringparabel“ erzählt:
Ein Vater hatte einen kostbaren Ring, der hatte „die geheime Kraft, vor Gott und Menschen angenehm zu machen, wer in dieser Zuversicht ihn trug“. Der Vater be-

stimmte, der Ring solle stets dem geliebtesten Sohn vererbt werden.
Nun kam er auf einen Erben, der hatte drei Söhne, die er alle drei sehr liebte. Wem sollte er den Ring vermachen? Er ließ zwei unechte anfertigen, die dem echten jedoch so täuschend ähnlich wurden, daß er selbst sie nicht mehr unterscheiden konnte. Im Geheimen gab er jedem Sohn einen Ring und ließ ihn in dem Glauben, er allein erhalte den (echten) Ring. Nach des Vaters Tod geraten die Brüder in Streit und klagen einander vor dem Richter an.
Der Richter entscheidet: Da der Ring beliebt machen soll, da aber keiner der Brüder bei den andern beiden beliebt ist, seien alle drei Ringe unecht. Er verschiebt die Lösung bis auf den letzten Tag, denn dann werde ein „weiserer Mann" als er zu Gericht sitzen. Bis dahin aber sollten die Träger der Ringe diesem Spruche folgen:

> Es eifre jeder seiner unbestochnen,
> Von Vorurteilen freien Liebe nach!

Man lasse also alles dogmatische Streiten um die Wahrheit, man lebe die Liebe. Daraus ergab sich die Forderung nach Toleranz. Was ist dazu zu sagen?

Beliebtheit als Beweisgrund für Wahrheit?

Der echte Ring – die wahre Religion – habe die Wunderkraft, „beliebt zu machen, vor Gott und Menschen angenehm". Entspricht diese Wert-Setzung dem Zeugnis des Evangeliums? Anders gefragt: War Jesus beliebt, vor allen Menschen „angenehm"? Diese Frage stellen heißt sie verneinen. Man denke nur an seine Gegner, die Priester und Pharisäer! Doch klären wir zunächst die Frage nach Toleranz und Intoleranz.

Toleranz und Intoleranz

Toleranz (Duldsamkeit) und Intoleranz (Unduldsamkeit) stehen zueinander im Gegensatz. Ist dieser ausschließend (kontradiktorisch)?
Wir fragen: wer duldet wen? Antwort: der Starke duldet den Schwachen, denn dieser wird ihm nicht gefährlich, er muß ihn nicht weiter ernst nehmen. Auch Gleichstarke dulden einander.

Solche Duldung hat noch nichts mit Liebe zu tun, sie ist einfach ein Gebot der Lebensklugheit. Zudem: Auch solche Duldsamkeit ist niemals unbegrenzt, denn gegen das Böse, das zerstört, darf keiner duldsam sein.
Toleranz und Intoleranz stehen zueinander wie zwei Weltanschauungen: Jedem „Ismus" steht mit Notwendigkeit ein Gegen-„Ismus" gegenüber, denn jeder enthält eine Seite der Wahrheit (vgl. Kap. 4). Das zeigt sich darin, daß keiner seinen Gegner überwinden kann.

War Jesus tolerant oder intolerant?
Als der „Sünder Geselle" erschien Jesus tolerant, als Gegner der Pharisäer und Schriftgelehrten intolerant. Jesus war also beides oder – richtiger – weder tolerant noch intolerant. In der Wertordnung Toleranz/Intoleranz erscheint Jesus als Paradox (vgl. Kap. 11), denn in ihm spricht sich eine höhere Lebensordnung und Wirklichkeit aus: in Jesus sind Wahrheit und Liebe geeint.

Die Lösung
Die Wahrheit verlangt, daß der Christ gegen andere Religionen oder Weltanschauungen ein deutliches Nein spreche, auch wenn er dadurch als intolerant verschrien würde. Aber den Anhängern der abzulehnenden Glaubenshaltung gelte seine Liebe. Hierfür hat Lessing die wahre Lösung vorgeschlagen, denn sein Wort von der Liebe ist das Wort eines Christen.
Augustin hat ein Wort geprägt, das in diesem Zusammenhang zu bedenken wäre:

In necessariis unitas,	Im Notwendigen Einigkeit,
In dubiis libertas,	Im Zweifelhaften Freiheit,
In omnibus caritas!	In allem aber die Liebe!

Lessings Dienst
Lessing leistet uns den guten Dienst des Aufweckens (dazu den eines getreuen Warners). Dann aber bedürfen wir noch der *Erweckung:* diese erst führt uns in die wirkliche Christus-Nachfolge.
Hätte Lessing zu seiner Zeit eine biblisch-lebendige Theo-

logie vorgefunden, so wäre er wohl auch zu dieser Lösung vorgestoßen. So aber hatte er es nur mit den „Besitzenden" zu tun. Deshalb dürfen wir seine Worte nicht *dogmatikoos* (lehrhaft) auffassen, sondern müssen sie *gymnastikoos* verstehen, als im Widerspruch gesagt (diese beiden griechischen Wörter hat Lessing einmal in einem Brief an seinen Bruder im Blick auf seine gesamte literarische Wirksamkeit gebraucht).

24. DIE WAHRHEITSFRAGE IN SCHILLERS PHILOSOPHISCHER BALLADE „DAS VERSCHLEIERTE BILD ZU SAIS"

(Dieses Gedicht fehlt in den meisten Schiller-Auswahlausgaben. Deshalb wird es hier abgedruckt.)

Das verschleierte Bild zu Sais

Ein Jüngling, den des Wissens heißer Durst
Nach Sais in Ägypten trieb, der Priester
Geheime Weisheit zu erlernen, hatte
Schon manchen Grad mit schnellem Geist durcheilt;
Stets riß ihn seine Forschbegierde weiter,
Und kaum besänftigte der Hierophant
Den ungeduldig Strebenden. „Was hab ich,
Wenn ich nicht alles habe?" sprach der Jüngling.
„Gibt's etwa hier ein Weniger und Mehr?
Ist deine Wahrheit wie der Sinne Glück
Nur eine Summe, die man größer, kleiner
Besitzen kann und immer doch besitzt?
Ist sie nicht eine einzge, ungeteilte?
Nimm einen Ton aus einer Harmonie,
Nimm eine Farbe aus dem Regenbogen
Und alles, was dir bleibt, ist nichts, solang
Das schöne All der Töne fehlt und Farben."

Indem sie einst so sprachen, standen sie
In einer einsamen Rotonde still,
Wo ein verschleiert Bild von Riesengröße

Dem Jüngling in die Augen fiel. Verwundert
Blickt er den Führer an und spricht: „Was ist's,
Das hinter diesem Schleier sich verbirgt?"
„Die Wahrheit", ist die Antwort. – „Wie?" ruft jener,
„Nach Wahrheit streb ich ja allein, und diese
Gerade ist es, die man mir verhüllt?"

„Das mache mit der Gottheit aus", versetzt
Der Hierophant. „Kein Sterblicher, sagt sie,
Rückt diesen Schleier, bis ich selbst ihn hebe.
Und wer mit ungeweihter, schuldger Hand
Den heiligen, verbotnen früher hebt,
Der, spricht die Gottheit ..." – „Nun?" –
„Der *sieht* die Wahrheit."
„Ein seltsamer Orakelspruch! Du selbst,
Du hättest also niemals ihn gehoben?"
„Ich? Wahrlich nicht! Und war auch nie dazu
Versucht." – „Das faß ich nicht. Wenn von der Wahrheit
Nur diese dünne Scheidewand mich trennte –"
„Und ein Gesetz", fällt ihm sein Führer ein.
„Gewichtiger, mein Sohn, als du es meinst,
Ist dieser dünne Flor – für deine Hand
Zwar leicht, doch zentnerschwer für dein Gewissen."

Der Jüngling ging gedankenvoll nach Hause.
Ihm raubt des Wissens brennende Begier
Den Schlaf, er wälzt sich glühend auf dem Lager
Und rafft sich auf um Mitternacht. Zum Tempel
Führt unfreiwillig ihn der scheue Tritt.
Leicht ward es ihm, die Mauer zu ersteigen,
Und mitten in das Innre der Rotonde
Trägt ein beherzter Sprung den Wagenden.

Hier steht er nun, und grauenvoll umfängt
Den Einsamen die lebenlose Stille,
Die nur der Tritte hohler Widerhall
In den geheimen Grüften unterbricht.
Von oben durch der Kuppel Öffnung wirft
Der Mond den bleichen, silberblauen Schein,
Und furchtbar wie ein gegenwärtger Gott

Erglänzt durch des Gewölbes Finsternisse
In ihrem langen Schleier die Gestalt.

Er tritt hinan mit ungewissem Schritt –
Schon will die freche Hand das Heilige berühren,
Da zuckt es heiß und kühl durch sein Gebein
Und stößt ihn weg mit unsichtbarem Arme.
Unglücklicher, was willst du tun? So ruft
In seinem Innern eine treue Stimme.
Versuchen den Allerheiligen willst du?
Kein Sterblicher, sprach des Orakels Mund,
Rückt diesen Schleier, bis ich selbst ihn hebe.
Doch setzte nicht derselbe Mund hinzu:
Wer diesen Schleier hebt, soll Wahrheit schauen?
„Sei hinter ihm, was will! Ich heb ihn auf."
Er ruft's mit lauter Stimm – „Ich will sie schauen." –
Schauen!
Gellt ihm ein langes Echo spottend nach.

Er spricht's und hat den Schleier aufgedeckt.
Nun, fragt ihr, und was zeigte sich ihm hier?
Ich weiß es nicht. Besinnungslos und bleich,
So fanden ihn am andern Tag die Priester
Am Fußgestell der Isis ausgestreckt.
Was er allda gesehen und erfahren,
Hat seine Zunge nie bekannt. Auf ewig
War seines Lebens Heiterkeit dahin.
Ihn riß ein tiefer Gram zum frühen Grabe.
„Weh dem", dies war sein warnungsvolles Wort,
Wenn ungestüme Frager in ihn drangen,
„Weh dem, der zu der Wahrheit geht durch Schuld,
Sie wird ihm nimmermehr erfreulich sein."

Zum Verständnis des philosophischen Gehalts
Das Gedicht stellt zwei Personen einander gegenüber, die zwei verschiedene Haltungen einnehmen: den Priester und den Jüngling. Vergleichen wir diese beiden mit Lessings Unterscheidung zwischen dem Besitzenden und dem Nachforschenden. Stellt der Priester wirklich jenen dar und der Jüngling diesen?

Der Priester

Er kennt das Geheimnis und wahrt es. Er zeigt die Grenze, aber überschreitet sie nicht.

Zwischenfrage: Ist es richtig zu sagen, er sei niemals versucht worden? Wo doch selbst Jesus versucht wurde! Gehört es nicht zur Eigenart des Menschen, daß er dort, wo seine Begabung und Berufung liegt, versucht wird? Doch diese eine Zeile ist für den Gang der Dichtung ohne Gewicht, wir dürfen sie außer acht lassen.

Der Jüngling

Dann wenden wir uns zu dem Jüngling, der getrieben ist durch „des Wissens brennender Begier". Kennen wir diesen Trieb auch? Wovon sind wir getrieben? Der Drang ist so stark, daß der Jüngling das Gesetz verletzt und den Schleier hebt. Was heißt das, auf unser Leben übertragen? Wo wirkt solche Grenzüberschreitung zerstörend? Vielleicht in den Versuchen, durch Medien die Zukunft zu erkennen? Beim Mißbrauch der Atomenergie für Atombomben?

Die innere Bewegung des Gedichts

Das Gedicht ist adventlich gerichtet. Wieso? Es blickt auf einen Tag, da die Gottheit selbst den Schleier heben wird. Also wäre es eine jüdische Dichtung, auf Christus weisend? Es könnte aber auch eine christlich bestimmte Dichtung sein, denn auch wir Christen werden die ganze Wahrheit erst am Jüngsten Tage schauen. Doch lassen wir diese Fragen, bleiben wir bei der Frage nach der Wahrheit selbst.

Was der Jüngling geschaut hat, läßt der Dichter im Geheimnis, und er tut recht daran.

Die Gottes-Aussagen der Ballade

Zum ersten: Die Gottheit ist wirklich, sie ist gegenwärtig. Der Mensch ahnt und spürt ihre Gegenwart, von heiligem Schauder erfüllt. Zum zweiten: Die Gottheit, obwohl nahe, bleibt verborgen (Luthers *Deus absconditus)*. Sie ist gegenwärtig, bleibt aber dem menschlichen Zugriff entzogen. Zum dritten: Diese ihre Verborgenheit ruft den Menschen zu verehrender Scheu und stellt ihn ins Warten. Sein Verlangen nach Erkenntnis, nach Schau, soll in demütiges Warten verwandelt werden, in ein Warten auf den Tag, da Gott selber sich offenbaren wird. Zum vierten: Wenn der Mensch sich diesem göttlichen Gesetz nicht unterwerfen will, dann verfällt er dem Gericht.

Die Lösung des Novalis

Schiller hat die letzte Frage offen gelassen und dadurch das Nachdenken angeregt. Novalis hat versucht, eine Lösung zu finden. Unter den Paralipomena seiner Dichtung von den „Lehrlingen zu Sais" findet sich dieser Zweizeiler:

Einem gelang es – er hob den Schleier der Göttin zu Sais –
Aber was sah er? Er sah – Wunder des Wunders – sich selbst.

So führt die Dichtung in dieser Auflösung zur Frage der Selbsterkenntnis. Worin diese bestehe, das sagt Novalis nun auch wieder nicht. Aber das ist wahr: Erkenntnis Gottes, der Wahrheit und des eigenen Selbst bedingen einander.

25. KARL HEIMS ÜBERWINDUNG DER ERKENNTNISTHEORIE

Vorbemerkung

Der Tübinger Professor der Systematischen Theologie Karl Heim (1874–1958) ist ebenso als Philosoph zu würdigen wie als Theologe. Sein erstes Buch, zugleich sein genialstes, erschien 1904: „Das Weltbild der Zukunft", mit dem damals erregenden Untertitel: „Eine Auseinandersetzung zwischen Philosophie, Naturwissenschaft und Theologie" (299 S.).

Karl Heim hat gewagt, die Erkenntnistheorie als Irrtum darzulegen. Er hat es zunächst in Gestalt einer märchenhaften Erzählung getan, darauf aber sofort die Erklärung in der Fachsprache der Philosophie gegeben, so daß wir keine eigene Erläuterung anzufügen haben.

Wie ist es überhaupt zu solch einer merkwürdigen Bewegung wie der erkenntnis-theoretischen gekommen? Descartes hat die Wirklichkeit zweifach gegliedert: in die Welt der Dinge (res extensae) und des Menschen (res cogitans), wörtlich gesprochen: in die ausgedehnten und in die denkenden „Dinge". Er hat beide auseinandergerissen. Daraus ergab sich die mühevolle Arbeit, beide Größen wieder zusammenzufügen, denn in Wirklichkeit sind sie wohl unterschieden, aber niemals geschieden.

Hier ist Heims Darlegung aus dem „Weltbild der Zukunft", S. 17–21:

„In 1000 Jahren, wenn die Menschheit der Philosophie entwachsen sein wird, da wird man sich vielleicht diese merkwürdige Geschichte von der Selbsteinkerkerung und Wiederbefreiung des Menschengeistes, die wir jetzt als die Geschichte des menschlichen Tiefsinns bewundern, wie ein unglaubliches Märchen erzählen. Es war einmal im fernen goldenen Kindesalter der Menschheit, so wird man erzählen, da saß der Mensch in seiner kristallhellen Zauberhalle Wirklichkeit. Über ihm wölbte sich die Unendlichkeit wie eine azurne Glocke. Um ihn dehnte sich in ewigem Sonnenglanz die Unermeßlichkeit, und alle Dinge träumten um ihn und jauchzten um ihn in wonniger Werdelust. Und er war ganz Auge, ganz Ohr, ganz Gedanke. Und der Mensch wußte nicht, daß er gefangen war. Denn es hatte es ihm noch niemand gesagt. Da kam der Teufel zu ihm und sprach: ‚Möchtest du nicht hinter alle Dinge kommen? Möchtest du nicht dahinter kommen?' Der Mensch aber verstand ihn nicht und sprach: ‚Was meinst du mit diesem Dahinter?' Da führte ihn der Teufel in eine Malerwerkstatt, wo ein Mann mit vollen Pinseln ein Weib auf eine Leinwand malte, ein glutäugiges, mit vollen Haaren. Sie selbst aber saß dahinter und war noch viel voller und glutäugiger als ihr Bild. Der Teufel aber sprach zu ihm: ‚Dies Weib ist die Welt. Deine Augen und Ohren sind die Pinsel, die sie auf die Leinwand zaubern. Sie selber aber siehst du nicht. Denn sie ist dahinter. Möchtest du nicht dahinter kommen?' Also lehrte ihn der Teufel die Hinterwelt und die uralten Zauberreime: Diesseits und Jenseits, Innenwelt und Außenwelt, Subjekt und Objekt. Als er diese Zaubersprüche gelernt hatte, da war ihm, als sänke die blaue Unendlichkeit wie eine Bleidecke auf ihn herab und als schrumpfte die unermeßliche Weite in ein enges Gehäuse zusammen. Und er schloß die Augen und sehnte sich maßlos hinaus. Und er konnte dies Heimweh nie mehr loswerden. Als er die Augen wieder aufschlug, sah er zwar, daß alles beim alten geblieben war, Mattengrün und Schneefirnen, Vogelflug und jagende Wolken. Und er tröstete sich auch / 18 / für eine Weile und sprach: ‚Ich habe zwar nur ein Konterfey der Welt, aber es ist doch ein gutes Konterfey, der Außenwelt so ähnlich, daß ich glauben würde, ich sei draußen, hätte mir der Teufel nicht gesagt, daß ich drinnen sei.‘ Aber bald kam ihm ein böser Gedanke: ‚Wer weiß, ob das Konterfey richtig ist? Wie naiv ist es, seinen Augen so ohne weiteres zu trauen! Vielleicht sieht die Welt dahinter ganz anders aus.‘ Und er versank tiefer in sich selbst und sann angstvoll: ‚Form und Gestalt muß die Welt dahinter doch jedenfalls haben. Sonst wäre sie ja gar keine Welt. Und der Teufel hat doch von einer Welt gesprochen. Die Hinterwelt muß grade und krumm sein, hart und zackig, eckig und rund. Sie muß Form und Gestalt haben. Aber vielleicht nicht mehr als das. Vielleicht sind Lichter und Farben, Düfte und Töne nur die warme Sprache meiner Seele, in der sie auf den rauhen Druck der Außenwelt antwortet. Qualitäten sind subjektiv, Quantitäten sind objektiv.‘ Das klang gut und beruhigte ihn auf lange Zeit. Als er aber den Traum des Lebens weiterträumte, da sah er einen Mann sitzen, an dessen Händen brauner Lehm hing, einen Töpfer und Tonbildner, der weichen Ton in Formen knetete. Da kam ihm eine Ahnung, die ihn erbeben machte: ‚Kann Form und Gestalt das Allerwirlichste und Jenseitigste sein? Kann man nicht auch Formen in sich tragen? Wie, wenn ich selber aller Dinge Former und Tonbildner wäre? Vielleicht liegen in mir selber wie leere Gehäuse alle Linien und Längen, Maße und Umfänge, Raumform und Zeitform. Draußen aber, jenseits von mir, ist nur Drang nach Form und Sehnsucht nach Ordnung, Chaos ohne Maß und ohne Farbe, ohne Raum und Zeit, formlos, unsagbar.‘ Das war der Augenblick, auf den der Teufel gewartet hatte. Denn er hatte alles lächelnd mit angehört. ‚Wankelmütiger‘, sagte er, ‚erst sagtest du: Was dahinter ist, ist gleich wie das, was vor mir ist. Dann sprachst du: Nein, es ist ihm in manchem gleich, in manchem ungleich. Endlich sagst du: Nein, es ist ihm nicht einmal in manchem gleich, es ist ganz anders. Es muß eine windige Sache sein mit diesem Dahinter. Woher weißt du denn überhaupt, daß etwas dahinter ist? Vielleicht ist gar nichts dahinter. Und du bist mit deinen / 19 / Träumen allein.‘ Als dies der Mensch gehört hatte, da kam es über ihn wie Umnachtung. Die Welt floß ihm in ein dünnes graues Spinngewebe auseinander, das in tausend Fäden aus ihm selber quoll. Alle Dinge rasten wie fahle Schatten um ihn selber, schlangen sich in immer engerem Wirbelkreis um ihn selber, wanden und wickelten sich immer dichter um ihn selber, wurden hineingesogen, hinabgeschlungen in ihn selber, erdrückten und erstickten ihn und verbissen sich wie Schlangen in ihn selber. Der Teufel aber ging davon und lachte . . .

Bis hierher ist diese Geschichte eine vergangene Geschichte. Es ist die traurige Geschichte der bisherigen Philosophie. Wann kommt die Zeit, die den erlösenden Abschluß bringt, den erlösenden letzten Akt dieser Tragödie des Geistes, seine Befreiung von der qualvollen Einkerkerung in sich selber? Wenn ihn der Teufel bis zu diesem Äußersten verführt hat, so sinkt der Mensch müde zusammen. Er kann nicht weiter. Grausen vor sich selber überrieselt ihn. Schwindelkrank tastet er mühsam rückwärts wie ein Blinder am Stock, geht den Weg, den er hergekommen, ein Stück weit zurück und siedelt sich irgendwo auf halbem Wege an, bei irgend einem Halbglauben an ein fernes mögliches Jenseits und schwankendes Vielleicht hinter allen Dingen. O dies Rückwärtsschwanken! Ach, daß dir jemand Jugend in die Seele gösse, o Mensch, und Drang nach vorwärts und Mut zum Äußersten! Vorwärts geht der Heimweg. Merkst du nicht, daß man dich mit verbundenen Augen im Kreise herumgeführt hat, genau im Kreise herum? Du wähnst dich weit fort, glaubst dich rettungslos verstiegen zu haben, und bist nur wenige Schritte von dem Kinderland und Heimatglück, aus dem man dich vertrieben. Es ist wirklich so, wie du fürchtest, es gibt kein Hinterland. Gibt es aber keinen Hintergrund, so gibt es auch keinen Vordergrund. Gibt es kein Jenseits, so gibt es auch kein Diesseits. Also keine Grenzen mehr. Keine Schranken mehr für den Wolkenflug des Gedankens. Ringsum Vollicht und Kristallhelle bis hinaus ins Grenzenlose. Hier ist Sonne genug für dein Auge, um sich gesund zu baden von dem bösen Blick nach hinten, von allem mondsüchtigen scheuen Schielen nach Hinterwelten. Hier / 20 / bekommst du die Unschuld der Augen wieder. Hier kommt dir deine Kindheit wieder. Über dir wölbt sich wie einst die Unendlichkeit wie eine azurne Glocke. Um dich dehnt sich in ewigem Glanz die Unermeßlichkeit. Und alle Dinge träumen um dich und jauchzen um dich in wonniger Werdelust. Du selbst aber bist ganz Auge, ganz Ohr, ganz Gedanke.

Sollen wir diese Geschichte in dürrer Schulsprache wiederholen, so können wir sagen: Für das naive Denken ist der unendliche Gesamtinhalt alles Gegebenen eine Einheit, auf die die Spaltung in Subjektivität und Objektivität noch keine Anwendung findet. Sobald aber diese Unterscheidung auftritt, beginnt ein Gedankenprozeß, der in folgenden vier Stadien zu verlaufen pflegt:

1. Die Erkenntnis stimmt mit ihrem Gegenstand überein wie das Bild mit dem Original.

2. Die Erkenntnis stimmt mit ihrem Gegenstand in einigen Hinsichten überein, in anderen nicht. Die stereometrischen Raumformen der Dinge und der Zeitablauf ihrer Veränderung ist objektiv. Die Sinnesqualitäten aber sind rein subjektive Reaktionen auf die ersteren (Theorie von den primären und sekundären Qualitäten).

3. Die Erkenntnis stimmt mit ihrem Gegenstand in keinem Punkt überein. Das Verhältnis zwischen beiden ist überhaupt kein Übereinstimmungsverhältnis, sondern ein Verhältnis zwischen Form und zu formendem Material. Das Erkennen enthält Anschauungs- und Denkformen in sich, durch deren Anwendung auf ein an sich betrachtet undefinierbares X erst die Erfahrung entsteht (populäre Kantauffassung).

4. Die Erkenntnis hat überhaupt kein außer ihr liegendes Objekt. Alles Gegebene ist subjektive Erkenntnis (Berkeley). Vom letzen Stadium dieses Prozesses, von dem aus man meist aus Angst vor seinen Konsequenzen wieder zum vorletzten oder drittletzten zurückkehrt, führt der nächste Schritt notwendig zum naiven Bewußtsein zurück, dessen Aufhebung den Ausgangspunkt des ganzen Prozesses bildete. Denn wenn kein Objekt denkbar ist, so kann auch nicht mehr vom Subjekt geredet / 21 / werden. Die Subjekt-Objekt-Unterscheidung, die der Anlaß zu dieser ganzen Wellenbewegung des Denkens war, ist zur Ruhe gekommen." –

26. KARL JASPERS ÜBER DIE SCHULDFRAGE

Vorbemerkung

Wer den Philosophen Karl Jaspers in seinem eigenständigen Denken näher kennenlernen will, sei auf zwei schmale Bücher verwiesen:
„Existenzphilosophie / Drei Vorlesungen" (1937), in zweiter Auflage im Verlag Walter de Gruyter (Berlin 1956), 90 S., „Vernunft und Widervernunft in unserer Zeit / Drei Vorlesungen" (Verlag Piper, München 1950), 71 S.
Die folgenden Ausführungen wollen – formal-logisch gesehen – eindrücklich zeigen, wie sehr es auf saubere Definitionen ankommt. Sachlich gesehen wollen sie helfen, nachträglich eine wichtige Frage der politischen Ethik zu klären.

Die „Stuttgarter Schulderklärung" 1945

Der Rat der Evangelischen Kirche in Deutschland gab bei der Begrüßung der Vertreter des Ökumenischen Rates in Stuttgart im Oktober 1945 eine Erklärung ab, die als „Stuttgarter Schulderklärung" in die Geschichte eingegangen ist.

Im ersten Satz dieser Erklärung sagt der Rat: „Wir sind für diesen Besuch um so dankbarer, als wir uns mit unserem Volke nicht nur in einer großen Gemeinschaft der Leiden wissen, sondern auch in einer Solidarität der Schuld . . . wir klagen uns an, daß wir nicht mutiger bekannt, nicht

treuer gebetet, nicht fröhlicher geglaubt und nicht brennender geliebt haben" (Abdruck des ganzen Textes in Band 78 der „Stundenbücher" des Furche-Verlages 1968: „Glaube im Ansturm der Zeit / Zeugnisse und Manifeste der evangelischen Kirche 1933–1967", S. 45 f.).
Da hier der Begriff *Schuld* naiv gebraucht worden ist, hat diese Erklärung keine Klarheit gebracht. Deshalb sind wir um so dankbarer, daß ein Denker vom Range eines Karl Jaspers in einer Heidelberger Vorlesungsreihe über die geistige Situation in Deutschland im WS 1945/46 über die Frage der Schuld gesprochen hat (wieder abgedruckt in seinem Sammelband „Hoffnung und Sorge / Schriften zur deutschen Politik 1945–1965". Piper-Verlag, München 1965). Daraus werden im folgenden seine Unterscheidungen der vier Schuldbegriffe wiedergegeben (von S. 77 f.).

Jaspers unterscheidet vier Schuldbegriffe:
1. Kriminelle Schuld: Verbrechen bestehen in objektiv nachweisbaren Handlungen, die gegen eindeutige Gesetze verstoßen. *Instanz* ist das Gericht, das in formellem Verfahren die Tatbestände zuverlässig festlegt und auf diese die Gesetze anwendet.
2. Politische Schuld: Sie besteht in den Handlungen der Staatsmänner und in der Staatsbürgerschaft eines Staates, infolge derer ich die Folgen der Handlungen dieses Staates tragen muß, dessen Gewalt ich unterstellt bin und durch dessen Ordnung ich mein Dasein habe (politische Haftung). Es ist jedes Menschen Mitverantwortung, wie er regiert wird. *Instanz* ist die Gewalt und *der Wille des Siegers*, in der inneren wie in der äußeren Politik. Der Erfolg entscheidet. Eine Ermäßigung von Willkür und Gewalt geschieht durch politische Klugheit, die an weitere Folgen denkt, und durch Anerkennung von Normen, die unter dem Namen von Naturrecht und Völkerrecht gelten.
3. Moralische Schuld: Für Handlungen, die ich doch immer als dieser einzelne begehe, habe ich die moralische Verantwortung, und zwar für alle meine Handlungen, auch für politische und militärische Handlungen, die ich vollziehe.

Niemals gilt schlechthin „Befehl ist Befehl“. Wie vielmehr Verbrechen Verbrechen bleiben, auch wenn sie befohlen sind (obgleich je nach dem Maße von Gefahr, Erpressung und Terror mildernde Umstände gelten), so bleibt jede Handlung auch der moralischen Beurteilung unterstellt. Die *Instanz* ist *das eigene Gewissen* und die Kommunikation mit dem Freunde und Nächsten, dem liebenden, an meiner Seele interessierten Mitmenschen.

4. Metaphysische Schuld: Es gibt eine *Solidarität* zwischen Menschen als Menschen, welche einen jeden mitverantwortlich macht für alles Unrecht und alle Ungerechtigkeit in der Welt, insbesondere für Verbrechen, die in seiner Gegenwart oder mit seinem Wissen geschehen. Wenn ich nicht tue, was ich kann, um sie zu verhindern, so bin ich mitschuldig. Wenn ich mein Leben nicht eingesetzt habe zur Verhinderung der Ermordung anderer, sondern dabeigestanden bin, fühle ich mich auf eine Weise schuldig, die juristisch, politisch und moralisch nicht angemessen begreiflich ist. Daß ich noch lebe, wenn solches geschehen ist, legt sich als untilgbare Schuld auf mich . . . *Instanz* ist Gott allein.

Soweit Jaspers.

Es ist nicht so wichtig, ob wir in allem mit ihm wörtlich übereinstimmen oder ob wir in mancher Hinsicht abweichen müssen. Wichtig ist, daß in solcher oder ähnlicher Weise unterschieden und definiert wird. Dazu gehört auch, daß die Instanz angegeben wird, welche das Urteil zu sprechen hat.

Die Rede von der „Kollektivschuld“ des deutschen Volkes ist nicht berechtigt. Der „kleine Mann“, welcher sah, wie die britische Regierung sowie der Vatikan die Hitler-Regierung anerkannten, und deshalb dann der NS-Partei beitrat, hat damit nicht mehr Schuld auf sich geladen als jene Mächte, die — aus was für Gründen auch immer — jenes Regime anerkannten. Theodor Heuss hat das lösende Wort gesprochen, als er die Kollektivschuld ablehnte, aber von der „Kollektiv-*Scham*“ sprach. Frage: Was ist Scham im Unterschied zu Schuld? Wichtig für die junge Generation, die auf die Jahre 1933—1945 nur historisch als auf etwas ihr sehr Fremdes zurückblickt: Wenn ein Mann Grundbesitz seines Vaters erbt, übernimmt er dann nicht auch die Hypotheken, die darauf liegen? Was will diese Gleichnisrede für unsere Frage sagen?

27. ZUR ASIATISCHEN PHILOSOPHIE

Vorbemerkung

Dies ist ein Zeichen der veränderten Weltlage: Im Abendland wird endlich zur Kenntnis genommen, daß die uralten Kulturen Asiens von alters her eine eigene Art zu philosophieren entwickelt haben. Während im Abendland seit Descartes (1596–1650) die Philosophie auf den Bereich des Intellekts beschränkt geblieben ist, umfaßt sie im Fernen Osten wie in Indien den ganzen Menschen, steht also unter dem Leitwort der Weisheit. Sie gehört nicht nur dem Bereich der Theorie an, sondern bietet Lebensführung.

Angesichts dieser so ganz anders gearteten Philosophie ist es schwer, ja eigentlich unmöglich, nur aus Büchern das zu vermitteln, was die asiatische Weisheitslehre kennzeichnet. Am ehesten wäre es noch denen möglich, die aus eigener Erfahrung – und sei diese noch so gering – die Mystik verstehen oder als gläubige Christen so zu erkennen und zu denken versuchen, wie Paulus es 1. Korinther 2, 15 ausgesprochen hat.

Laotse und das polare Denken

Lao-Tse (oder Lao-Dsü)

Lao-Dsü (etwa 604–517 v. Chr.) entstammte einer vornehmen Familie und war in der Kaiserstadt Loyang Vorsteher der Reichsbibliothek. Die Überlieferung bezeichnet ihn als den „uralten Weisen".

Zum gründlicheren Studium sei auf diese Bücher verwiesen:

1. Richard Wilhelm: „Lao-Tse und der Taoismus", Frommanns Verlag, Stuttgart, ²1948, 164 S.
2. „Laotse / Tao-Te-King / Das Buch des Alten vom Sinn und Leben", aus dem Chinesischen verdeutscht und erläutert von Richard Wilhelm. Diederichs Verlag, Düsseldorf/Köln 1952, 120 S.
3. Fischer-Bücherei Bd. 89: „Laotse", herausgegeben von Lin Yutang (zu jedem Spruch des Lao-Dsü werden Texte von Tschuang-Dsü beigegeben).

Die Zitate weiter unten werden dem erstgenannten Buch entnommen. Lao-Dsüs Spruchsammlung trägt den Titel „Tao-Te-King". Über ihre Entstehung vgl. die Legende, die Richard Wilhelm S. 21 berichtet. Bert Brecht hat sie in einer Ballade dichterisch gestaltet: „Legende von der Entstehung des Buches Taoteking auf dem Weg des Laotse in die Emigration“ („Hundert Gedichte“ 1918–1950, Aufbau-Verlag, Berlin 1958, S. 113–116). Vgl. dazu wiederum Max Picards Auslegungen in „Universitas“, Februarheft 1963, S. 167 ff.

Der Buchtitel Tao-Te-King

Wer die Sprüche alt-chinesischer Weisheit wirklich verstehen oder ihnen verstehend auch nur nahe kommen will, der muß den Weg über die chinesischen Schriftzeichen nehmen. Das zusammengesetzte Zeichen für Tao besteht aus zwei Hälften: das linke Zeichen bedeutet „gehen“, das rechte Zeichen „Kopf“. Es handelt sich also um eine Vereinigung von Erkenntnis (Kopf) und Leben (gehen). Blicken wir auf das linke Zeichen, so übersetzen wir „Weg“; blicken wir auf das rechte, so sagen wir „Sinn“. Diese beiden Übersetzungen sind möglich. Wie sollen wir uns da verhalten? Wir erklären diese merkwürdige Bedeutung so: Es handelt sich um etwas, das jenseits des Gegensatzes von Theorie und Praxis steht, das beide Bereiche umfaßt. Haben wir das verstanden, so tun wir gut daran, das chinesische Wort „Tao“ beizubehalten. Das zweite Wort „Te“ bedeutet Tugend oder Tugendlehre oder beides zusammen. Sein linkes Zeichen bedeutet „gehender Mensch“; das rechte, aus drei Zeichen zusammengesetzt, läßt sich so auflösen (von oben nach unten): was recht ist, geht durch das Auge in den Menschen ein und ergreift das Herz, so daß er – dies besagt das linke Zeichen – in Gang kommt, läuft, also handelt.
Das letzte Wort „King“ bedeutet „Buch“.

Das TAO

Das TAO weist auf das Jenseits aller Gegensätze hin. Es ist unsagbar: „Das TAO, das sich aussprechen läßt, ist nicht das ewige TAO. Der Name, der sich nennen läßt, ist nicht der ewige Name“ (Spruch 1, S. 69). Daraus folgt: „Der Wissende redet nicht, der Redende weiß nicht“ (Spruch 56, S. 79). Das TAO ist das Letzte (Spruch 25, S. 72):

Der Mensch richtet sich nach der Erde,
Die Erde richtet sich nach dem Himmel,
Der Himmel richtet sich nach dem TAO,
Das TAO richtet sich nach sich selber.

Wie kommt der Mensch zum TAO? „Schaffe Leere bis zum Höchsten, / Wahre die Stille bis zum Völligsten“ (Spruch 16, S. 77). „Mache selten die Worte, dann geht alles von selber“ (Spruch 23, S. 77).

Das TAO entspricht wohl dem Nichts der Mystik. Man meint Sokrates zu hören, wenn man Spruch 71 (S. 79) liest: „Die Nichtwissenheit wissen, ist das Höchste.“
Lao-Dsü gliedert die Menschen dreifach (Spruch 41, S. 76):

Wenn ein Weiser höchster Art vom TAO hört,
So ist er eifrig und tut danach.
Wenn ein Weiser mittlerer Art vom TAO hört,
So glaubt er halb, halb zweifelt er.
Wenn ein Weiser niedriger Art vom TAO hört,
So lacht er laut darüber.
Wenn er nicht laut lacht,
So war es noch nicht das eigentliche TAO.

Dieser Spruch sollte gründlich bedacht und durchgesprochen werden. Enthält er nicht eine gültige Gliederung? Hätte Jesus nicht ähnlich sprechen können? Nämlich: Der wahre Nachfolger hört das Wort des Herrn und tut es; der Mitläufer hört auch, aber schwankt zwischen (bloßem) Glauben und Zweifel; der Ungläubige (Gottferne) hört und lacht darüber. Was ergibt sich aus dieser Gliederung für die bei uns so beliebte Hochschätzung des Zweifels?

Die Polarität von Yang und Yin

Da das TAO jenseits aller Gegensätze steht, kann es niemals mit einer der beiden Größen, die einander polar zugeordnet sind, in eins gesetzt werden. Deshalb ist der Taoist auch nicht bereit, in ausschließenden Gegensätzen zu denken. Dieses polare Denken stellt sich in der Zweiheit Yang und Yin eindrücklich dar. Als Sinnbild dieser Polarität dient dieses Zeichen:

So sind einander zugeordnet:

YANG	YIN
männlich	weiblich
licht	dunkel

Wir dürfen angesichts dieser Polarität fragen, ob nicht etwas Ähnliches sich wiederholt, wenn wir Klassik und Romantik entsprechend einander zuordnen.
Kritische Frage: Gilt diese Polarität uneingeschränkt? Dann hätte Lao-Dsü recht, wenn er fragt (aber damit will er sagen, es gebe keinen solchen Unterschied): „Zwischen Gut und Böse, was ist da für ein Unterschied?“ (Spruch 20, S. 84).
Weitere Frage: Wenn diese Polarität uneingeschränkt gälte (im Bereich der Schöpfung gilt sie gewiß), wo und wie wäre da eine Grenze zu ziehen (etwa im Blick auf den Gegensatz zwischen Gott und Widergott, Satan)?

Lao-Dsü als Mystiker

Spruch 1 (S. 69) weist den Suchenden ins Schweigen. Damit ist Lao-Dsü als Mystiker ausgewiesen. Aber seine Mystik ist geschichtslos und zielt auf die *unio mystica,* auf unpersönliches Einssein (Identität), im Gegensatz zur *communio mystica* (Gemeinschaft), der personhaften Mystik in der Christus-Nachfolge. Daraus folgt ein eigener Weg der Meditation, d. h. der Versenkung, da der Übende ins Reine Sein (TAO) versinken möchte, um nie wieder aufzutauchen. Einem Mystiker begegnen, zwingt zur Ehrfurcht und zur Selbstbescheidung. Das Denken des Verstandes wird in seine Grenzen gewiesen. Was bleibt dann noch? Welcher Art kann das Denken auf diesem Wege sein? Der Sinologe Rousselle hat im ersten Bande der Eranos-Jahrbücher (1933) einen chinesischen Leitsatz dieses Weges mitgeteilt (S. 167): „Wenn man von diesem geheimnisvollen Geheimnis das wirkliche Geheimnis verstanden hat, so gibt es kein Geheimnis außer diesem Geheimnis.“

28. SELBST-VERWIRKLICHUNG IM HÖHEREN HINDUISMUS

Vorbemerkung: Schwierigkeiten beim Übersetzen

Jede ursprüngliche Religion wie Philosophie und Weisheitslehre ist auf das engste an die Sprache gebunden, in welcher ihre Begründer und geistigen Führer ihre Erkenntnisse ausgesprochen haben. Die tragenden Wörter dieser Aussagen lassen sich nicht übersetzen. Der Fremde muß versuchen, sie aus der Seins-Mitte her zu verstehen, aus der sie ihr Licht und Leben empfangen.

Im Höheren Hinduismus ist alles auf die Gleichung *Atman ist Brahman* gegründet. *Atman* bedeutet das Letzte, Unvergängliche im Menschen, das aber unpersönlich ist. Im Englischen wird es als *Self* mit großem *S* wiedergegeben (im Deutschen wird dafür leider auch „Selbst" gesagt, so daß dieses Wort mit dem Selbst der Tiefenpsychologie verwechselt werden kann). *Brahman* bedeutet das Reine Sein, das Letzte im Kosmos, gleichfalls unpersönlich verstanden. Das englische Wort *realisation* (deutsch: „Verwirklichung") bedeutet: der einzelne Mensch gibt seine Individualität auf (oder will sie aufgeben) und will mit Hilfe einer bestimmten Meditations-Praxis das Reine Sein in und durch sich wirken lassen, so daß er nichts weiter ist als ein Werkzeug dieses letzten und höchsten Es.

Nach dieser Lehre sei die eigentliche Not des Menschen jedoch nicht als „Sünde" zu verstehen, sondern sei seine Blindheit (Sanskrit *avidya* „Nichtwissen", d. h. Nicht-Erkennen jener Zusammenhänge), nämlich Blindheit für den letzten Satz „Atman ist Brahman". Wo das Wort „Gott" gebraucht wird, handelt es sich um eine Anpassung an die Volkssprache; niemals ist damit die Existenz eines persönlichen Gottes gemeint. In der Sprache des modernen Hinduismus findet sich überhaupt viel Anpassung an christliche Ausdrucksweise, ohne daß die christlichen Inhalte gemeint sind!

Der Hindu, der sich um solche Wesens-Wandlung der *realisation* müht, hat ein feines Gespür dafür, ob der westliche

Dozent ihm nur eine Lehre vorträgt, oder ob er selber ihre Wahrheit zu leben versucht. So hat ein Hindu einmal zu einem abendländischen Lehrer gesagt (und wir sollten diesen Satz gründlich bedenken!): „Was du bist, schreit so laut, daß ich nicht hören kann, was du sagst." Dieser Satz ist wie ein reinigendes Feuer, durch das unsere gesamte abendländische Lehrmethode in Theologie wie Philosophie geprüft und geläutert werden sollte!

Eine Unterredung mit Ramana Maharishi

Im folgenden wird ein Text vorgelegt, der eine Lehrunterredung mit dem größten Hindu-Heiligen Südindiens in unserem Jahrhundert wiedergibt. Wir entnehmen sie dem Buch „Die Botschaft des Maharishi / Antworten von Sri Ramana Maharishi an seine Schüler" (Atharva-Verlag, Frankfurt 1954, ausgewählt aus Kap. VI „Selbstverwirklichung", S. 55–60).

Schüler: Wie kann ich die Selbstverwirklichung erlangen?

Maharishi: Die Verwirklichung kannst du nicht neu erlangen, denn sie ist bereits da. Befreie dich bloß von dem Gedanken: ‚Ich habe es nicht verwirklicht', das allein ist notwendig.

Stille oder Friede ist Verwirklichung. Es gibt keinen Augenblick, in dem das Selbst nicht ist. Solange sich ein Zweifel oder das Gefühl, daß du es nicht verwirklicht hättest, in dir regt, mußt du versuchen, dich von diesen Gedanken zu befreien. Sie rühren von der Identifizierung des Selbst mit dem Nicht-Selbst her. Wenn das Nicht-Selbst verschwindet, bleibt das Selbst allein zurück ...

Schüler: Auf welche Weise kann ich das Selbst erreichen?

Maharishi: Das Selbst ist nicht etwas, das man erreichen kann. Wenn es erreichbar wäre, so würde das bedeuten, daß das Selbst nicht gegenwärtig sei, sondern erst erlangt werden müsse. Was neu erlangt wird, geht aber auch wieder verloren. Es ist also unbeständig. Etwas Unbeständiges ist jedoch nicht wert, daß man nach ihm strebt. Deshalb sage ich, daß das Selbst nicht erreicht werden kann. Du *bist* das Selbst; du bist *es* bereits.

Du kennst deinen eigenen Zustand nicht, weil die Unwissenheit unversehens einen Schleier über das reine Selbst zieht, das Seligkeit ist. Bemühe dich nur mit ganzer Kraft, diesen Schleier der Unwissenheit zu beseitigen, der nichts ist als Falschwissen, die falsche Identifizierung des Selbstes mit dem Körper, dem Geist, dem Gemüt usw. Sie muß ein Ende nehmen, dann bleibt das Selbst allein übrig. Das Selbst ist also in *jedem* Menschen zu verwirklichen . . .

Schüler: Hilft meine Selbstverwirklichung anderen?

Maharishi: Ja, und sie ist die beste Hilfe, die du anderen zuteil werden lassen kannst. Alle großen Wahrheiten wurden ihren Entdeckern in den stillen Tiefen des Selbstes offenbar. Es gibt aber in Wirklichkeit keine ‚Anderen', denen man helfen könnte, denn das verwirklichte Wesen sieht nur das Selbst, so wie der Goldschmied lediglich das Gold sieht, wenn er es in den verschiedenen aus Gold erzeugten Schmuckstücken abschätzt. Wenn du dich mit dem Körper identifizierst, sind Namen und Formen vorhanden; doch wenn du das Körper-Bewußtsein überschreitest, verschwinden zugleich auch die ‚Anderen'. Der verwirklichte Eine unterscheidet nicht zwischen sich und der Welt.

Schüler: Wäre es nicht besser, wenn die Heiligen sich unter die anderen mischen würden?

Maharishi: Es gibt keine ‚Anderen', unter die man sich mischen könnte. Das Selbst ist die einzige Wirklichkeit.

Schüler: Sollte ich nicht versuchen, der leidenden Welt zu helfen?

Maharishi: Die Kraft, die dich geschaffen hat, hat ebenso die Welt geschaffen. Wenn sie für dich Sorge tragen kann, so kann sie ebensogut auch für die Welt sorgen. Wenn Gott die Welt geschaffen hat, so ist es seine Angelegenheit, auf sie aufzupassen, nicht deine!

Schüler: Ist es nicht unsere Pflicht, Patrioten zu sein?

Maharishi: Deine Pflicht ist ‚zu sein', und nicht dieses oder jenes zu sein. *‚Ich bin, was ich bin',* enthält die ganze Wahrheit. Die Methode lautet zusammengefaßt: ‚Sei still'!
Und was bedeutet Stille-Sein? Es bedeutet: ‚Ertöte dich', denn jeder Name und jede Form ist die Ursache des Leidens . . .

Schüler: Wer ist dann Gott?
Maharishi: Gott ist das Selbst. *‚Ich bin'* ist Gott. Wäre Gott vom Selbst getrennt, so würde er ein Gott ohne Selbst sein, und das ist absurd. Das einzige, was zur Verwirklichung des Selbstes notwendig ist, ist *Stillesein.*

Der Guru als spiritueller Lehrer und Seelenführer*
Über den Unterschied zwischen Dozent und Guru
Im Bereich der intellektuellen Forschung, Erkenntnis und Lehre, d. h. also in der sinnlich erfahrbaren und begrifflich begreifbaren Welt ist der Dozent der entscheidende Lehrer. Das Abendland hat ihn ausgebildet. Für die Arbeit in dieser Welt können wir ihn nicht entbehren.
Dagegen im Bereich des Seins, des Wesenhaften, in der Tiefe der Wirklichkeit, im nichtgegenständlichen Erkennen bedürfen wir eines anderen Weges sowie anderer Haltung. Da wir im Abendland fast alles verloren haben, was uns die eigene Überlieferung in dieser Hinsicht geboten hat, begegnen wir dem hinduistischen Guru in der Hoffnung, daß solche Begegnung uns wach mache, damit wir das uns Gemäße und Eigene entdecken und Gestalt werden lassen.

Ramana Maharishi über den Guru
Im folgenden entnehmen wir derselben Schrift aus dem Kapitel VII „Der Guru und seine Gnade" das folgende Lehrgespräch (S. 61–64, verkürzt):
Schüler: Was ist die Gnade des *Guru,* und wodurch führt sie zur Selbstverwirklichung?
Maharishi: Der *Guru* ist das Selbst. Der Mensch wird zuweilen mit seinem Leben unzufrieden, und da ihm das, was er besitzt, nicht mehr genügt, betet er zu Gott, daß er seine Wünsche befriedigen möge. Nach und nach reinigt sich sein Inneres, bis er mehr nach Gotteserkenntnis, mehr nach Gnade als nach Erfüllung seiner irdischen Wünsche verlangt. Zu diesem Zeitpunkt beginnt Gottes Gnade sich zu

* Über die Gestalt des Guru vgl. Friso Melzer: „Das Licht der Welt / Beiträge zur Begegnung mit asiatischer Hochreligion" (Korntal 1973), S. 79–89: „Der Guru als Seelenführer".

zeigen. Gott nimmt die Gestalt eines *Guru* an und erscheint dem Frommen, lehrt ihn die Wahrheit und reinigt zugleich sein Denken und Fühlen durch die Verbindung mit ihm. Die Geistes- und Gemütskräfte des Frommen erstarken und können sich nun nach innen wenden. Außerdem läutert die Meditation sein Inneres, und es verharrt still ohne die leiseste Welle. Diese stille Weite ist das Selbst.
Der *Guru* ist sowohl ‚außen' als auch ‚innen'. Von ‚außen' gibt Er dem Geist einen Stoß, damit er sich nach innen wendet, von ‚innen' lenkt Er ihn zum Selbst und verhilft ihm zum Frieden. Das ist die Gnade des *Guru.* Es gibt keinen Unterschied zwischen Gott, dem *Guru* und dem Selbst . . . Solange du allerdings glaubst, daß du persönlich bist oder der Körper, solange wird auch der Meister ‚außen' nötig sein und sich dir in einem Körper zeigen. Wenn deine falsche Identifizierung mit dem Körper aufhört, wirst du den Meister als das Selbst erkennen . . .

Schüler: Wie kann ich den *Guru* finden?

Maharishi: Der innewohnende Gott hat in seiner Gnade Mitleid mit dem Frommen, der ihn liebt, und zeigt sich ihm in einer Weise, die der Entwicklung des Andächtigen entspricht. Der Fromme meint, daß jener ein Mensch ist, und erwartet eine Beziehung wie zwischen zwei physischen Körpern. Aber der *Guru* – er ist in Wahrheit Gott oder das inkarnierte Selbst – arbeitet von innen, hilft dem Menschen, seine Irrtümer zu erkennen, und führt ihn auf den rechten Pfad, bis er das Selbst in sich verwirklicht.

Schüler: Was soll der Fromme denn tun?

Maharishi: Er hat sich nur nach den Worten des Meisters zu richten und im Innern zu arbeiten. Der Meister ist sowohl ‚innen' als auch ‚außen'; er schafft Bedingungen, die dich nach innen treiben und macht zugleich dein ‚Inneres' bereit, um dich in das Zentrum zu ziehen. Er versetzt dir also einen Stoß von ‚außen' und übt gleichzeitig einen Zug von ‚innen' aus, der dich im Zentrum festhält . . .

Schüler: Wie kann das Schweigen des *Guru,* der weder eine Einweihung erteilt, noch sonst irgendeine greifbare Handlung vornimmt, mächtiger sein als sein Wort? Wieso ist dieses Schweigen förderlicher als das Studium der Heiligen Schriften?

Maharishi: Schweigen ist die wichtigste Form des Wirkens. Die Heiligen Schriften mögen noch so umfassend und eindringlich sein, sie ermangeln der Wirksamkeit. Der *Guru* schweigt und herrscht durch Gnade. Dieses Schweigen ist umfassender und eindrucksvoller als alle Heiligen Schriften zusammen.

Schüler: Kann aber der Fromme Glückseligkeit erreichen?

Maharishi: Wenn sich der Fromme dem Meister unterwirft, bedeutet das, daß er keine Spur von Individualität zurückbehält. In der vollkommenen Ergebung geht alles Selbstgefühl verloren, und somit kann es keine Not und keinen Kummer mehr geben . . .

Schüler: Wie kann ich die Gnade erlangen?

Maharishi: Die Gnade ist das Selbst und folglich nicht zu ‚erlangen'. Du brauchst bloß zu wissen, daß sie existiert.

ANHANG

WAS IST PHILOSOPHIE?

Es gibt keine Autorität, die allgemeingültig bestimmen kann, was Philosophie ist. Jeder Philosoph legt selber fest, was er unter Philosophie versteht und überhaupt verstanden wissen möchte. Daher kommen die tiefgreifenden und weitwirkenden Gegensätze in der Geschichte der Philosophie. Vielleicht hilft ein Rückblick auf die Entstehung des Wortes Philosophie weiter?

Das griechische Wort *philosophia* bedeutet zunächst nichts anderes als das besondere Streben nach *sophia* „Weisheit“ (doch wurde im Altertum, auch in der Bibel, noch nicht zwischen Weisheit und Klugheit unterschieden). Im Griechischen diente die Vorsilbe *phil-* (von *philos* „Freund“) dazu, ein besonderes Streben zu bezeichnen: *phil-archia* „Streben nach Macht“. Welcher griechische Denker das Wort *philosophia* zuerst geprägt hat, läßt sich nicht mehr feststellen. Unter *philosophia* wurde also in ältester Zeit verstanden, daß ihr Anhänger (der *philosophos)* über alles Gegebene Bescheid wissen wollte. Er sollte nicht alles selber tun können, aber er sollte wissen, wie es getan wurde. Es ging also um einen Durchblick durchs Ganze des Gegebenen. Damit wurde im Abendland eine Entwicklung eröffnet, welche die Philosophie auf den Weg der intellektuellen Erkenntnis wies. Anders liefen die Dinge in Indien und China, wo sich eine ganz andere Art Philosophie ausgebildet hat: Sie umfaßt den ganzen Menschen, bezieht also auch Intuition, Innenschau und Meditation in ihre Arbeit mit ein. Somit umschließt Philosophie dort Erkenntnis und Leben. Unser abendländisches Verständnis der Philosophie ist wesenhaft durch Aristoteles geprägt worden: Er verstand Philosophie in der Hauptsache als Wissenschaft, und diese enge Beziehung zwischen Philosophie und Wissenschaft ist uns – zu Recht – geblieben.

Da wir also nicht von vornherein (d. h. deduktiv) bestimmen können, was Philosophie ist, da jeder Philosoph selber festlegt, was er unter Philosphie verstanden wissen will, könnte da nicht die induktive Methode der geschichtlichen Erfahrung zum Ziel führen? D. h. könnten wir nicht unter Philosphie einfach das verstehen, was alle Philosophen gemeinsam haben? Selbst wenn sich das herausfinden ließe, ginge es nicht an, dieses Verfahren anzuwenden, denn dann würde Philosophie geschichtlich Gegebenem unterworfen und von ihm abhängig gemacht werden. Das ist deshalb nicht möglich, weil es in der Philosophie – was immer man darunter auch verstehen mag – um die Wahrheit geht, und Wahrheit ist nicht von geschichtlich Gegebenem abhängig.

Hier müssen wir uns auf einen genaueren Sprachgebrauch einigen: In der Wissenschaft geht es um *Richtigkeit*, in der Philosopie aber um *Wahrheit*. Fragt der Lehrer: „Wieviel ist dreimal drei?" und lautet die Antwort „neun", so urteilt er: „Richtig!". Fragt er nach der Hauptstadt Frankreichs und lautet die Antwort „Paris", so ureilt er wiederum: „Richtig." Erhält er eine andere Antwort, so urteilt er: „Falsch!". In der Philosophie und Religion geht es jedoch um *Wahrheit*, und wir möchten diese Unterscheidung auch als Christen festhalten, weil Jesus von sich gesagt hat: „Ich bin die Wahrheit" (Joh. 14, 6; vgl. auch Joh. 18, 37).

Da wir also nicht unmittelbar sagen können, was Philosophie ist, beschreiten wir einen mittelbaren Weg: Wir vergleichen die Philosophie mit den ihr benachbarten Erscheinungen des menschlichen Geisteslebens. Durch diese Vergleiche wird die Eigenart der Philosophie an einigen Punkten deutlicher werden.

1. Philosophie und Wissenschaft

Wissenschaft erforscht Gegebenes, sog. Objekte oder Gegenstände. Philosophie dagegen hat es nicht mit Gegebenem zu tun, sondern fragt darüber hinaus oder dahinter zurück: Was heißt „gegeben"? Was heißt „nicht gegeben"? Wer oder was gibt das Gegebene? – Jede Wissenschaft erforscht nur einen Teil der Wirklichkeit (der Welt), aber das

Ganze der Welt ist keiner Wissenschaft zugänglich. „Welt" ist ein philosophischer Begriff. Selbst wenn man alles Wissen über alle Teile der Welt zusammennähme, erhielt man noch immer nicht die Welt als Ganzes, denn: „Das Ganze ist mehr als die Summe seiner Teile" (das Wort „mehr" nicht quantitativ, sondern qualitativ verstanden: das Ganze ist anders als die Summe).

Gehen Philosophie und Wissenschaft auch nicht ineinander auf, so brauchen sie doch einander: Die Wissenschaft erhält durch die Philosophie ihre Ordnung aufgezeigt und ihre Begriffe geklärt; die Philosophie wird durch die Wissenschaft davor bewahrt, in Phantasterei oder Schwärmerei zu verfallen. Ohne Philosophie entartet Wissenschaft in „Wissenschaftsaberglauben" (so Jaspers in seiner Schrift „Vernunft und Widervernunft in unserer Zeit", München 1950, 1. Vorlesung über „Die Forderung der Wissenschaftlichkeit", S. 7–29; das Wort „Wissenschaftsaberglaube" S. 17). Der Philosoph achtet darauf, daß bloße Vermutungen (Hypothesen) als solche bezeichnet werden. Tut der Wissenschaftler selber diesen Dienst, so ist er sein eigener Philosoph gewesen. Philosophie verhindert, daß wissenschaftliche Hypothesen als gewisses Wissen ausgegeben werden („die Wissenschaft hat bewiesen . . .").

2. Philosophie und Weltanschauung

Zunächst ist der Unterschied zwischen Weltbild und Weltanschauung zu klären: *Weltbild* faßt zusammen, was zu einer Zeit das Gesamtergebnis der Wissenschaft(en) ist. Bezeichnend ist, daß es für unsere Zeit kein verbindliches Weltbild gibt! Jaspers weist in seiner Kritik des Theologen Bultmann darauf hin, daß die Wissenschaft unserer Zeit „auf ein Weltbild verzichtet, weil sie erkennt, daß dies unmöglich ist. Zum ersten Mal hat sie uns von Weltbildern befreit . . ." („Die Frage der Entmythologisierung", München 1954, S. 10).

Das antike Weltbild (nach Ptolemäus benannt) gliederte die Wirklichkeit in drei Stockwerke: oben die Welt der Götter (Himmel) – unten die Welt der Toten (Hades) – in der Mitte

die Welt der Menschen auf der Erde. Dieses Weltbild liegt auch weithin den biblischen Zeugnissen zugrunde, richtiger: es wird als Rahmen benutzt. Das eigentliche Zeugnis der Gottes-Offenbarung sprengt dann in bezeichnender Weise das antike Weltbild und zeigt damit: Weltanschauung ist etwas anderes als Weltbild. Als gutes Beispiel ziehe man Psalm 139, 8–9 heran. Sehr eindrücklich wird hier die Allgegenwart Gottes bezeugt: im „Himmel" ist Er da – in der Totenwelt ist Er da – in der Menschenwelt ist Er auch da.
Weltanschauung lebt aus der Tiefe der Seele, aus der Person-Mitte des Menschen (hier ist auch der „Ort" der Gottes-Offenbarung im Menschen). Sie gründet sich nicht auf Beweise und ist auch durch „Beweise" nicht zu erschüttern, weil Beweise einer anderen Seinsebene angehören. Sie liegt aber allem Philosophieren zugrunde. Sie bedarf jedoch der wissenschaftlichen Klärung sowie der kritischen Hilfe philosophischen Denkens, damit sie die Wirklichkeit nicht vergewaltigt und nicht der Phantasterei verfällt.

3. Philosophie und Religion

Beide richten sich auf Letztes, das über das gegenständlich Gegebene hinausgeht. Sie unterscheiden sich aber darin, daß Philosophie eine Sache des Denkens, Religion aber des Glaubens ist. Jene wohnt und wirkt im Verstand, diese im Herzen. Doch brauchen sie einander; denn Philosophie ohne Religion verbleibt im Begreifbaren, verflacht und hält sich möglicherweise für allwissend; Religion ohne Philosophie verfällt dem Aberglauben. So helfen beide einander. Religion gibt der Philosophie Tiefe, Philosophie der Religion Klarheit.

4. Philosophie und Theologie

Wir meinen hier wirkliche Theologie und nicht Religionswissenschaft. Diese gründet sich auf Vernunft und arbeitet mit den Methoden der modernen Geisteswissenschaft. Sie hat es mit dem zu tun, was an der Religion für die Vernunft begreifbar ist. Theologie dagegen greift darüber hinaus. Sie dient jeweils einer bestimmten Religion. So haben wir jüdische, christliche, moslemische, aber auch hinduistische Theologie. Philosophie erfährt durch die Theologie eine Begrenzung, zugleich aber den eindrücklichen Hinweis auf ein Denken auf einer Grundlage, die „höher ist als alle Vernunft". Und Theologie gewinnt durch Philosophie die Klarheit ihrer Begriffe.

5. Philosophie und Mystik

In aller Mystik geht es um Erfahrung des Geistes. Wir unterscheiden zwei Hauptrichtungen der Mystik: die unpersönliche Identitätsmystik mit ihrem Ziel der *unio mystica* (dem „Einssein" des Menschen mit dem Letzten) und die personhafte Mystik mit ihrem Ziel der *communio mystica* (der Einigkeit oder Gemeinschaft mit Gott). Gemeinsam ist beiden eine erste Stufe der Abwendung von der empirischen Welt. Sie trennen sich aber dort, wo das Ziel in Sicht kommt. Die nicht-christliche Mystik bemüht sich darum, daß der Mystiker seine Person-Existenz überwindet (daß er im Letzten aufgeht wie der Tropfen im Ozean), denn dort wird die Personhaftigkeit des Menschen für die eigentliche Sünde gehalten. Die personhafte Mystik in der Christus-Nachfolge versteht nicht die Personhaftigkeit als solche..., sondern die Verschlossenheit in das Ich-Selbst des Menschen als Sünde und erstrebt, die Befreiung (Erlösung) aus dieser Gefangenschaft durch Christus zu erfahren. Durch diese Erlösung wird der Mensch erst zu wahrer Gemeinschaft fähig. Philosophie darf die Mystik nicht ablehnen, weil sie sich auf Wegen überrationaler Erfahrung bewegt. Vielmehr erfährt sie durch deren Erlebnisse und Erkenntnisse ihre eigene Begrenzung; zugleich wird sie aufgefordert, sich zu einer mystischen Philosophie zu wandeln (vgl. Meister Eckhart). Mystik bedarf der Philosophie, damit sie nicht in Mystizismus entartet.

6. Philosophie und Meditation

Meditation ereignet sich im Vorhof der Mystik. Sie geschieht dort, wo der Mensch sich innerlich empfangsbereit macht (durch bestimmte Übungen des Lösens und Atmens).

Zuvor bedenkt der Übende jedoch, wen oder was er dann in sich eintreten und in sich wohnen lassen will. Die überkommene abendländische Philosophie steht der Meditation fremd gegenüber. Die asiatischen Philosophien des Hinduismus, Buddhismus und Taoismus jedoch bedürfen wesenhaft der Meditation. Will abendländisches Philosophieren sich aus seiner Gefangenschaft im Intellektualismus befreien, so bedarf es der Meditation (doch der dem abendländischen Menschen gemäßen Meditation!). Die Meditation ihrerseits bedarf der Philosophie, um klare Begriffe ihrer Arbeit zu gewinnen.

7. Gliederung der Philosophie

Im folgenden ist die Gliederung der philosophischen Disziplinen in Gestalt einer Schema-Zeichnung angeführt. Dabei soll zugleich deutlich werden, mit welchen Wissenschaften die einzelnen philosophischen Disziplinen verbunden sind und welchen Lebensbereichen die betreffenden Wissenschaften dienen.

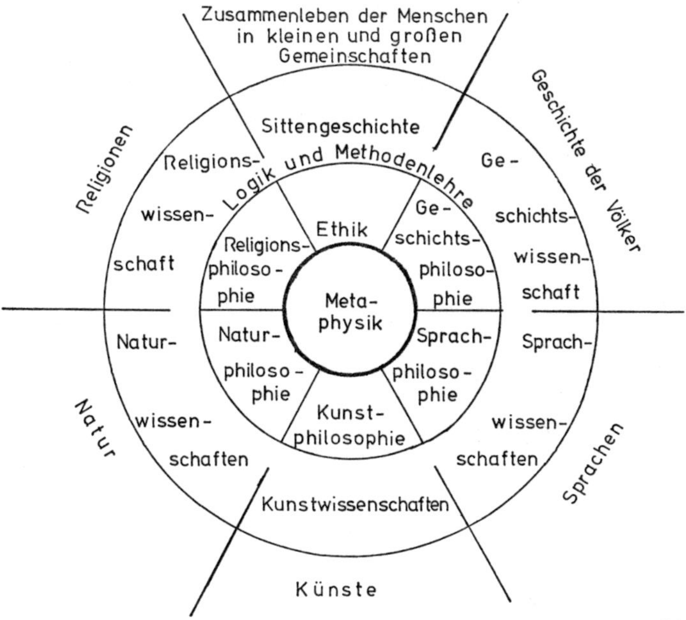

Wie ist diese Schema-Zeichnung zu verstehen? Metaphysik betrifft das Innerste der Philosophie. Hier haben auch Ontologie und Weltanschauungslehre ihren Platz. Logik und Methodenlehre betreffen alle Bereiche, auch die Wissenschaften, darum sind sie wie ein Reifen um alles herumgelegt.
Sechs Disziplinen grenzen aneinander: Religion hat es auch mit Ethik zu tun, also geht der Weg von der Religionsphilosophie zur Ethik weiter. Ethik betrifft das Handeln des Menschen. Handeln schafft Geschichte. Also folgt die Geschichtsphilosophie (zu der auch die Staatsphilosophie zu rechnen wäre). Der handelnde Mensch spricht, also folgt die Sprachphilosophie. Die höchste Gestalt der Sprache ist die Dichtung, diese ist eine Kunst. Also folgt Kunstphilosophie mit Ästhetik. Hat die Kunstphilosophie es mit den einzelnen Künsten zu tun, so die Ästhetik mit den übergreifenden Fragen des Schönen und Häßlichen, des Anmutigen, Erhabenen, Grotesken usw. Kunst gestaltet Stoff, dieser gehört zur Natur. Also folgt die Naturphilosophie. Diese weist den Menschen in die Unendlichkeit des Kosmos und führt zur religiösen Frage. Damit wäre der Kreis geschlossen.
Dies aber nur als Vorschlag einer einsichtsvollen Gliederung. Wie sehr solches ordnende Gliedern auch zu der (mehr formalen) Aufgabe philosophischen Denkens gehört, sei noch an einem Entwurf zur Gliederung der Künste gezeigt:

Gliederung der Künste

Die hier versammelten Künste lassen sich folgendermaßen untergliedern: in die Künste des Raumes (Grafik, Malerei, Plastik und Baukunst) und Künste der Zeit (die übrigen); oder in Künste, die dem Wort dienen (Dichtung, Vortragskunst, Schauspielkunst, Gesang); ferner in solche, die mit der Musik zusammenhängen (Gesang, Instrumentalmusik, Tanz), sowie in stumme Künste (die Künste des Raumes).

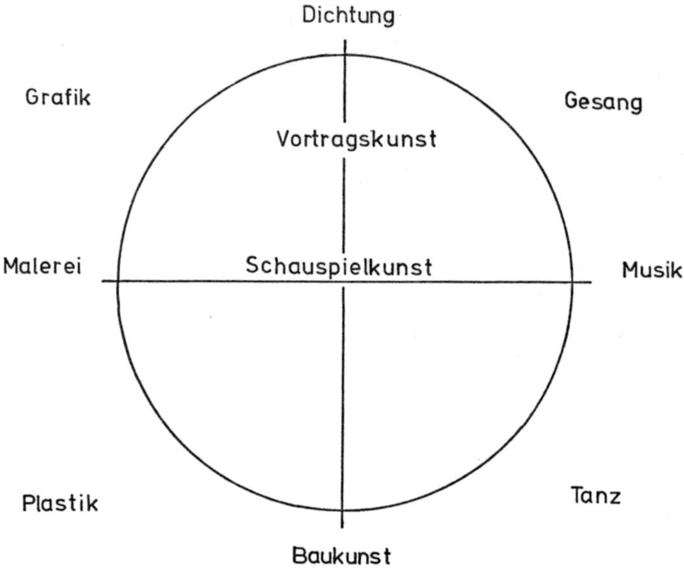

WEITERFÜHRENDES SCHRIFTTUM

Da diese Schrift keinen Gang durch die Geschichte der abendländischen Philosophie bietet, sei wenigstens auf drei Darstellungen hingewiesen, die diesem Mangel abhelfen (Darstellungen durch Verfasser, deren Blickrichtung in etwa der meinen entspricht):

Karl Kindt (1900–1959), Direktor des Pädagogischen Instituts in Heidelberg, dem Vorläufer der späteren Pädagogischen Hochschule, Lehrer der Philosophie und Leibnizforscher, führt von den Vorsokratikern bis zu Leibniz und dem 18. Jahrhundert: „Vorschule christlicher Philosophie" (Fr. Wittig Verlag, Hamburg 1951, 262 S.).

Adolf Schlatter (1852–1938), Professor der ev. Theologie in Tübingen: „Die philosophische Arbeit seit Descartes / Ihr ethischer und religiöser Ertrag" (Calwer Verlag, Stuttgart [4]1959, 247 S., mit einem Geleitwort von Helmut Thielicke, S. 7–21). Thielicke in seinem begeisternden Geleitwort: „So ist die Argumentationsweise Schlatters ein Musterbeispiel dafür, daß Jesus Christus kein Vorurteil und kein blinder Fleck in einem Auge ist, sondern daß die von ihm geschenkte Erlösung auch eine Erlösung zur Sachlichkeit und also zur Möglichkeit des ‚Sehaktes' ist. Weil wir von unserem Selbst erlöst werden, darum gibt es auch jene Selbstlosigkeit des Sehens, um die es Schlatter ging" (15).

Helmut Lamparter, Professor für ev. Theologie an der Päd. Hochschule Ludwigsburg: „Prüfet die Geister / Philosophen und Denker von Kant bis Bloch" (Aussaat Verlag, Wuppertal [6]1976, 140 S.).

An weitere Kreise wendet sich Georg Brates mit seinem Buch „Du und die Philosophie / Eine moderne Weltweisheit für jedermann" (im Deutschen Verlag Ullstein, Berlin 1952, 337 S. mit 225 Zeichnungen und 16 Tafeln). Der Verfasser: „Der Leser soll nicht nur ‚belehrt', sondern auch ‚er-

baut' werden“ (5).
Schließlich seien auch drei Fachprofessoren der Philosophie mit hilfreichen und allgemeinverständlichen Büchern genannt:

Karl Jaspers (1883–1969) hat in 12 Rundfunkvorträgen eine „Einführung in die Philosophie“ gegeben (Piper Verlag, München 1953, 164 S.), die ich wiederholt und gern als Textbuch für eine philosophische Arbeitsgemeinschaft mit Primanern benutzt habe.
Josef Pieper, Professor der Philos. Anthropologie in Münster: „Was heißt Philosophieren?“ (Kösel Verlag, München [7]1973, 132 S.). Die Schrift dieses katholischen Denkers ist, wie alles, was er geschrieben hat, vom Reichtum abendländisch-christlicher Kultur und Bildung erfüllt und bietet dem aufmerksamen Leser einen großen Reichtum geistiger Einsichten.
Wilhelm Weischedel, Professor der Philosophie in Berlin: „Die philosophische Hintertreppe / 34 große Philosophen in Alltag und Denken“ (Nymphenburger Verlagshandlung, München [4]1974, 362 S.). – – –

Zum Wortlaut dieser Schrift:
Von den 28 Kapiteln dieser Schrift sind mit freundlicher Erlaubnis des Verlages 24 dem Beitrag entnommen, den ich auf Einladung von Profesor Karl Werner Apel im dritten Bande seines vierbändigen Werkes „Dialog mit der jungen Generation über Glauben und Leben“ gegeben habe (Steinkopf Verlag, Stuttgart 1971, S. 491–569: „Antworten der Philosophie auf Fragen des Menschseins“). Die Kapitel 11 bis 14 sind neu hinzugefügt, andere Kapitel wurden fortgelassen, das Ganze aber überarbeitet und die Kapitelfolge verändert.
Das genannte vierbändige Werk ist für Lehrer gedacht, sei aber auch denen empfohlen, die am Gespräch zwischen Religionslehrer und junger Generation teilnehmen wollen.

Friso Melzer
Dr. phil., Dr. theol.

WEITERE VERÖFFENTLICHUNGEN
VON FRISO MELZER

UNSERE SPRACHE
IM LICHTE DER CHRISTUS-OFFENBARUNG
Tübingen 1952, 2., veränderte Auflage, 456 Seiten

DAS WORT IN DEN WÖRTERN
Die deutsche Sprache im Dienste der Christus-Nachfolge
Ein theo-philologisches Wörterbuch
Tübingen 1965, XVI, 372 Seiten

EVANGELISCHE VERKÜNDIGUNG
UND DEUTSCHE SPRACHE
Ausgewählte Vorträge und Aufsätze
Tübingen 1970, VII, 92 Seiten

In der Schriftenreihe „Chor und Gemeinde“:

Heft 1
DAS WORT IM GEISTLICHEN LIED
Sprachliche Betrachtungen geistlicher Lied-Dichtung
Wuppertal 1970, 28 Seiten

Heft 7
ALTE WÖRTER – NEU GEHÖRT
Wuppertal 1974, 48 Seiten

INNERUNG
Stufen und Wege der Meditation /
Grundlegung und Übungen
Kassel 1977, 2. Auflage, 216 Seiten

KONZENTRATION – MEDITATION – KONTEMPLATION
Kassel 1974, 192 Seiten

SADHU SUNDAR SINGH
Gesammelte Schriften, übersetzt und erläutert
Achte, verbesserte Auflage
Korntal 1972, 351 Seiten

DAS LICHT DER WELT
Beiträge zur Begegnung mit asiatischer Hochreligion
Korntal 1973, 196 Seiten

CHRISTLICHE ASHRAMS IN SÜDINDIEN
Erlangen 1976, 148 Seiten